1968: Die Kinder der Diktatur

Der *Mythos der Studentenbewegung* im ideengeschichtlichen Kontext des "hysterischen Jahrhunderts" 1870 bis 1968

Albrecht Behmel

1968: DIE KINDER DER DIKTATUR

Der *Mythos der Studentenbewegung* im ideengeschichtlichen Kontext des "hysterischen Jahrhunderts" 1870 bis 1968

ibidem-Verlag
Stuttgart

Bibliografische Information der Deutschen Nationalbibliothek
Die Deutsche Nationalbibliothek verzeichnet diese Publikation in der Deutschen Nationalbibliografie; detaillierte bibliografische Daten sind im Internet über http://dnb.d-nb.de abrufbar.

Bibliographic information published by the Deutsche Nationalbibliothek
Die Deutsche Nationalbibliothek lists this publication in the Deutsche Nationalbibliografie; detailed bibliographic data are available in the Internet at http://dnb.d-nb.de.

Coverabbildungen (von links nach rechts):

Ernesto "Che" Guevara am 05. März 1960 bei einem Staatsbegräbnis. Foto: Alberto Korda. Quelle: Wikimedia Commons. Gemeinfrei.

Porträt Mao Zedongs, bis 1967 am Tor des himmlischen Friedens in Peking abgebildet. Quelle: Wikimedia Commons. Gemeinfrei.

Portät Friedrich Nietzsches, 1882; Das zugrunde liegende Original stammt aus einer Serie von 5 Profilfotographien des Naumburger Fotographen Gustav-Adolf Schultze, Anfang September 1882. Quelle: Wikimedia Commons. Gemeinfrei.

∞

Gedruckt auf alterungsbeständigem, säurefreien Papier
Printed on acid-free paper

ISBN-13: 978-3-8382-0203-7

Printed in Germany

Inhaltsverzeichnis

Einleitung

Die Generation der Studentenbewegung von 1968 kommt langsam ins Alter der Pensionierung. Wer damals zwanzig Jahre alt war, ist inzwischen sechzig, und mit dieser zeitlichen Entfernung verändert sich auch die Wahrnehmung des "Phänomens 68" insgesamt, ebenso die Rezeption der Zeit davor und auch der Blick auf die Wirkungsgeschichte von SDS und APO. Besonders interessant ist bei diesem Wandlungsprozess der in den Diskursen häufig auftretende Begriff vom "Mythos 1968", zu dessen Bestandteilen ebenso bekannte wie gegensätzliche Slogans gehören wie etwa: *Unter den Talaren, Muff von tausend Jahren, USA-SA-SS; Make Love, Not War!* oder *Brecht dem Schütz die Gräten, Alle Macht den Räten!*

Die Gesellschaft der Adenauerzeit, gegen die man sich wehrte, sei, so ein in den Debatten häufig verwendetes Wort, *restaurativ* gewesen; erst mit der Revolte von 1968 habe die Bundesrepublik eine im Kern *demokratische* Richtung bekommen; es habe sich letztlich, so die Sage weiter, um eine regelrechte *zweite Staatsgründung* gehandelt. Der "Mythos 1968" ist überaus reich an interessanten, widersprüchlichen und bis heute provokanten Schlagworten.

In der Tat werden diese Schlagworte sowohl in den populären Medien als auch in den Darstellungen der damaligen Akteure selbst derart häufig und auffallend ähnlich wiederholt, dass eine junge Historikergeneration, hellhörig geworden ist und damit begonnen hat, weiter nachzufragen, was es mit dem Mythos tatsächlich auf sich habe.

Doch die wissenschaftliche Aufarbeitung des Themas "Die Bundesrepublik Deutschland und die Studentenbewegung" ist erst noch im Zuge, überhaupt einen Anfang zu nehmen und nach Fragen zu suchen, die von späterer Forschung bearbeitet werden könnten, was sicherlich auch seine Gründe darin hat, dass eine Vielzahl von Hochschullehrern heute aus biographischen Gründen keine wissenschaftlich notwendige Distanz zum Gegenstand haben kann. Die nachfolgende Generation von Wissenschaftlern ist dazu eher in der Lage.

Einige der zentralen Fragen lauten: Zu welcher übergeordneten geistesgeschichtlichen Epoche gehört "1968" eigentlich? Woher kamen Ideen und Ideale des Zeitraums zwischen 1967 und 1969? Auf welchen inneren geistes- und ideengeschichtlichen Kontinuitäten beruhte die Revolte? Was meinen wir, wenn wir "1968" sagen? Wie ändert sich die Wahrnehmung des Phänomens, wenn man über das Jahr 1945 hinaus weiter in die Vergangenheit zurückschaut und nach den Traditionen des Widerstandes gegen bürgerliche Werte in Deutschland in einem ganz allgemeinen Sinn fragt? Sind dann mehr Gemeinsamkeiten zwischen 1968 und der Zeit davor oder mit der Gegenwart, 2011, zu konstatieren? In anderen Worten: War 1968 wirklich eine zukunftsweisende Zeitenwende oder nicht eher ein Schlusspunkt?

Die historische Forschung wird sich vielfältigen Problemen und Aufgaben widmen können: Zu nennen ist an erster Stelle das Sammeln von spezifischen, vor allem soziologischen Daten und die Sichtung der einschlägigen Quellen jenseits der Selbstzeugnisse der damaligen Akteure; dann die Darstellung der bisherigen Rezeptionsgeschichte und nicht zuletzt auch der Blick auf die Historiographie des Objekts selbst, also gewissermaßen der Blick der Historiker in den Spiegel, denn das Problem der Befangenheit stellt sich dem Historiker der Zeitgeschichte immer in einem ganz besonderen Maß dadurch, dass sich seine persönliche Verwicklung in das Thema auch auf persönliche, "subkutane" Bereiche erstreckt, die nichts oder wenig mit dem Forschungsziel im engeren Sinn zu tun haben.[1]

Aus demselben Grund sind gerade die Aussagen von Zeitzeugen oder ehemaligen Akteuren immer mit besonderer Vorsicht und mit spezifischem gedanklichem Instrumentarium zu behandeln, am besten mit dem Abstand einiger Generationen.

Es stehen soziologische Arbeiten über die Zusammensetzung der APO-Gruppen aus, ebenso Untersuchungen über Herkunft, Sozialisierung, Bildungsgrad und Konfessionszugehörigkeiten, berufliche Ausbildung, spätere Karriere und Familiengründungsverhalten sowie andere Parameter, die darüber Aufschluss geben können, wer "die 68er" eigentlich waren. Diese Arbeiten werden beträchtliche Zeit in Anspruch nehmen und wahrscheinlich erst dann zu einem befriedigenden Punkt kommen, wenn die Zeitzeugen nicht mehr ohne weiteres befragt werden können.

Der *Begriff der Generation* selbst hat in den vergangenen Jahren eine erhebliche Verwischung erlebt, die dazu führte, dass im umgangssprachlichen Sinn etwa in Dekadenabstand von jeweils neuen *Generationen* gesprochen werden kann. Karl Mannheim[2] hat in den frühen Sechziger Jahren auf diesen Prozess hingewiesen. Im Fol-

---

[1] Gewissermaßen die Heisenberg'sche Unschärferelation des Historikers: Beobachtung und Verhalten beeinflussen sich gegenseitig.

[2] Mannheim, Karl. Das Problem der Generationen, in: Karl Mannheim, Wissenssoziologie, Soziologische Texte 28, Neuwied 1964.

genden soll der Begriff der "Generation" daher nicht über Gebühr strapaziert werden, sondern als eine Bezeichnung für etwa gleichaltrige Personen verstanden werden, in der Art, wie noch nicht graduierte Studenten als "gleich alt" zu bezeichnen sind, auch wenn es erhebliche Differenzen zwischen einzelnen Individuen geben mag. Es hat sich eingebürgert, von "der" 68er-Generation als derjenigen Generation zu sprechen, die etwa zwischen 1965 und 1970 an den Hochschulen eingeschrieben war und die nach Abflauen der Bewegung in das erwerbsfähige Alter kam. Das entspricht also im Großen und Ganzen den Geburtsjahrgängen von 1945 und der unmittelbaren Nachkriegszeit.

Ein Ergebnis der soziologischen Aufschlüsselung wird vermutlich sein, dass ein großer Teil der damals aktiven *68er-Elite* aus Familien der mittleren und unteren Mittelschichten stammte, also Kinder waren von Lehrern, Pastoren, oder Postbeamten, wie Gudrun Ensslin oder Rudi Dutschke, kaufmännischen und technischen Angestellten wie Hans Jürgen Krahl, oder Christian Ströbele, seltener Kinder von Handwerkern wie Joschka Fischer und noch seltener Kinder von Freiberuflern wie Andreas Baader. Es wird im Licht künftiger Untersuchungen sehr wahrscheinlich nicht mehr allein von der *einen* Studentenbewegung des Jahres 1968 gesprochen werden können, sondern allenfalls von den verschiedenen *Protestbewegungen* der späten sechziger Jahre, die sich für eine kurze Weile überaus dynamisch zusammentaten, um dann nach 1969 schnell wieder eigene Wege zu gehen, so dass keine einzelne spätere Organisation oder Bewegung das Erbe der "68er" für sich allein beanspruchen kann. Hierin liegt ein besonderer Reiz des Gegenstandes aus ideengeschichtlicher Perspektive.
Das zentrale Anliegen besteht darin, den Mythos, wie er in den populären Medien häufig gepflegt wird, in den Kontext der deutschen Geschichte einzuordnen. Es ist der Versuch, das Phänomen 1968 einmal nicht aus der Perspektive der Gegenwart heraus zu begreifen, also aus der Rückschau, sondern aus der Perspektive der Vergangenheit, indem gefragt wird, woher die Ideen, die Stilrichtungen und Überzeugungen der "68er" eigentlich kamen.

Die entsprechenden Kernthesen lauten: Die Revolte von 1968 war in erster Linie ein Generationenkonflikt, und da die arrivierten Teile der Gesellschaft der Adenauerzeit, das *Establishment*, getragen von einer Generation, die biographisch in der Weimarer Republik oder im Kaiserreich fußte, nichts mehr fürchtete als die Instabilität und den politischen Radikalismus der Weimarer Zeit, *Weimarer Verhältnisse*[3] musste sich die revoltierende Generation nur der politischen Mittel eben dieser Weimarer Radikalen bedienen, um optimale Schock-Effekte gegenüber den Eltern zu erzielen. Wer *Weimarer Verhältnisse* fürchtete, konnte mit einer Emulation der Weimarer Verhältnisse am besten attackiert werden, dies war der Archimedische Punkt der Studentenbewegung.

Das Zwanzigste Jahrhundert war ein "Jahrhundert der Extreme", wie Eric Hobsbawm es ausdrückte.[4] Der Totalitarismus in seinen verschiedenen Ausprägungen ist sogar als Kennzeichen des Jahrhunderts selbst verstanden worden, wie etwa von Karl Dietrich Bracher, Eckhard Jesse im Gefolge von Gerhard Leibholz.[5] Die Geschichte der APO fällt in dieses Jahrhundert und steht daher in ganz besonderer Weise mit dem Phänomen des Totalitarismus und seiner Aufarbeitung in Verbindung: *qua* Generation, ideengeschichtlich, historisch, subjektiv empfunden, etc.

Aus dieser Auffassung heraus kann ein vom *Mainstream* abweichendes Verständnis jener Jahre gewonnen werden. Der Vorteil dieser Perspektive besteht darin, dass sie besser in der Lage ist, Widersprüche und Ungereimtheiten innerhalb der Studentenbewegungen zu erklären, als es die Thesen des demokratischen Neuanfangs oder dem Kampf gegen das Restaurative, gegen den "Muff" vermögen. Da die Adenauerzeit von einem starkem, geradezu hysterischem Misstrauen gegen jegliche ideologische Gesellschaftsentwürfe, die gefürchteten *Experimente*, geprägt war, brauchten die "68er" nur auf das radikale Gedankengut sozialistischer Revolutionen und Utopien zurückgreifen, um die Elterngeneration maximal zu verunsichern. Sie mussten es sogar tun, wenn ihre Emanzipationsbestrebungen erfolgreich sein sollten.

Man kann sagen, dass eine gewisse Tragik darin liegt, wenn sich die radikalen Studenten des Jahres 1968 ihrem Feindbild, dem Autoritären in einem ganz allgemeinen Sinn immer mehr angleichen mussten, um es bekämpfen zu können. Dabei verfielen sie geradezu zwangsläufig in Verhaltensformen gesellschaftlicher Auseinandersetzungen, die in der Tradition der jüngsten Vergangenheit und der Jugendzeit ihrer Eltern lagen.

---

[3] Der Slogan "Bonn ist nicht Weimar!" war Feststellung und Stoßgebet zugleich.

[4] Hobsbawm, Eric. The Age of Extremes: The Short Twentieth Century 1914-1991. 1994

[5] Bracher, Karl Dietrich. Zeit der Ideologien. Stuttgart 1982

Jesse, Eckhard (Hrsg.): Totalitarismus im 20. Jahrhundert: eine Bilanz der internationalen Forschung. Baden-Baden 1999.

Die paradoxe Kombination von *demokratischem Neuanfang von 1968* und dem eindeutigen Vorhandensein von antidemokratischem Gedankengut oder der Verehrung von Gewaltherrschern aus der Dritten Welt innerhalb des "Mythos 68" wäre so besser zu erklären, als über den Umweg der Behauptung, nur Einzelne hätten sich bestimmten Verirrungen hingegeben und nur in Ausnahmefällen sei der Exzess der kommunistischen Diktaturen verteidigt worden.

Es ist zu fragen, was die Generationen der ersten Hälfte des Zwanzigsten Jahrhunderts, die in den Jahren 1967 bis 1969 aufeinander prallten, voneinander trennte, beziehungsweise was sie miteinander verband. Dabei wird zu zeigen sein, dass zwischen den Generationen signifikante kultur- und geistesgeschichtliche Parallelen bestehen, in deren Licht die 68er-Bewegungen bislang kaum wahrgenommen worden sind. Die Mehrheit der Darstellungen zum Thema *1968* setzt geradezu wie selbstverständlich mit der Nachkriegszeit ab 1945/1948 ein und konzentriert sich dann auf den Konflikt der Generationen in der späten Adenauerzeit und den Folgejahren. Doch wie verändert sich die historische Wahrnehmung, wenn man, entgegen der Gepflogenheit, nicht 1945 als Ausgangspunkt wählt, sondern etwas weiter zurückgeht, bis zur Gründung des Deutschen Kaiserreichs, jener Epoche, aus der heraus die Eltern- und Großelterngeneration von 1968 sozialisiert worden war? Aus dieser Perspektive stellt sich das "Phänomen 1968" nicht als Anfang oder Neubeginn dar, sondern vielmehr als Abschluss einer gut hundertjährigen geistesgeschichtlichen Phase in Deutschland.

1. 1870-1968 - Ein *hysterisches* Jahrhundert?

Die deutsche Identität der Jahre zwischen der bismarckschen Reichsgründung und dem Jahr 1968 war von einer vielfältigen gesellschaftlichen Unsicherheit in Bezug auf das eigene Land und dessen Wert geprägt. Gleich zu Beginn setzten diverse Handicaps ein, die sich lange hinzogen:

Die Deutschen taten sich schwer mit ihrer Rolle im neuen Reich, mit ihrer Position in der Welt, mit sich selbst sowie miteinander. Das Bewusstsein, der Stolz oder die Furcht, etwas in irgendeiner Weise Besonderes zu sein, prägte eine ganze Nation derart tief greifend und pathogen, dass man die Jahre zwischen 1870 und 1968 als "hysterisches Jahrhundert" verstehen kann.

"Hysterisch" soll in dem hier verwendeten Sinn so viel bedeuten wie: theatralisch übertreibend, überheblich und in Kategorien des Weltuntergangs und der Vernichtung denkend. Eine hysterische Reaktion ist dem Anlass unangemessen, eruptiv, unberechenbar in Bezug auf den Zeitpunkt und die Stärke des Ausbruchs, leicht auszulösen und voll auf Außenwirkung zugeschnitten. Hysterische Bewegungen innerhalb von Gesellschaften neigen dazu, aus dem Ruder zu laufen und nach dem euphorischen Höhepunkt eine Art Katzenjammer zu hinterlassen. Genau das passierte zwischen 1870 und 1968 in Deutschland gleich reihenweise: Reichsgründung-Gründerkrach, Flotteneuphorie-Beinahkriege; Kriegsbegeisterung-Versailles, Revolution-Inflation; Großdeutschland-Zusammenbruch.

Es lassen sich noch weitere solcher extremer und extrem knapp aufeinander folgender Auf-und-Ab-Bewegungen aufzeigen, die als Ganzes gesehen in ihrer Häufigkeit, Dichte und ihrer Ausschlagskraft in Europa ihresgleichen suchen, zum Beispiel der Bruch zwischen Kapitulation 1945 und Wiederbewaffnung im Jahr 1955.

Jeder dieser Einschnitte hat in erster Linie den politischen Konservatismus in Deutschland geschwächt, vor allem dadurch, dass diese Einschnitte Argumentationsräume vernichteten, die zum Kernbestand konservativen Denkens gehörten: Legitimität von Herrschaft, Berufung auf das Alter von Institutionen, Traditionsbewusstsein und -Pflege, Beständigkeit von Werten und Symbolen. Alle diese Inhalte erlitten im Verlauf des *hysterischen Jahrhunderts* in Deutschland ständig erhebliche Schläge.

Der deutsche Konservatismus verlor mehr als seine Äquivalenzen in anderen europäischen Ländern mit jedem Zusammenbruch weiter an Boden – ein historischer Meta-Trend, der mit dem Untergang des *Heiligen Römischen Reiches Deutscher Nation* eingesetzt hatte und sich bis 1948 hinzog. Bis heute hat sich der politische Konservatismus in der Bundesrepublik inhaltlich nicht wieder voll von diesem Jahrhundert erholt, so dass er mit seinen Gegenstücken in anderen europäischen Ländern an Substanz und Wucht vergleichbar wäre. Selbst in Italien oder Polen, Ländern mit ähnlich bewegter Vergangenheit, war es nicht zu einem vergleichbaren Rückzug gekommen.

Durch die ruckweise, immer tiefere Vereinigung des deutschen Bundes unter preußischer Vormacht hatte sich schon in den Jahren vor 1870 eine politische Grundeinstellung herausgebildet, die sich in vielen Schichten der deutschen Bevölkerung spiegelte, vor allem im konservativen und liberalen Bürgertum, nämlich das Bewusstsein, sich auf einem Weg zu befinden, der von keinem anderen europäischen Volk eingeschlagen worden war. Die sprichwörtliche *Deutsche Frage* mit allen ihren Komplikationen war aus deutscher Sicht kaum mit anderen Nationalitätenfragen zu vergleichen, und viele Teile der bürgerlichen Öffentlichkeit legten auf diesen Umstand sogar besonderen Wert.

Die Veränderungen waren in der Tat überdeutlich: Das neue Reich der Hohenzollern war zunächst einmal stark norddeutsch geprägt, im Gegensatz zur jahrhundertealten Tradition der kulturell wie geographisch wesentlich südlicheren Kultur der Habsburger, nun jedoch protestantisch, preußisch, nach England und auf Übersee hin ausgerichtet, nicht mehr auf das südliche Mitteleuropa und nicht mehr, wie zuvor, mit Blick auf das Osmanische Reich hinaus. Es fehlte Österreich; der Zugang zu Italien und zur Adria war nicht mehr innerhalb des Reichs vorhanden – all dies über Jahrhunderte wesentliche Faktoren, die zur Herausbildung der römisch-reichsdeutschen Identität beigetragen hatten. Dazu kamen weitere Umstände, die eine grundsätzliche Neuorientierung notwendig machten, wie die fehlgeschlagene bürgerliche Revolution von 1848, die neuen napoleonischen Kronen auf dem Gebiet des Bundes, die Verfassungsfrage, die Nationalfrage, die Industrialisierung mit Eisenbahn, Telegraphie und Schwerindustrie, die damit verbundene moderne Kriegführung, die soziale Frage - alles miteinander Punkte, auf die man keine Antwort erhalten konnte, wenn man sich auf die multi-nationale, ländliche, rückständige Vergangenheit des *Sacrum Imperium* besann. Dies stürzte die konservativen Kräfte des Landes in eine lang anhaltende und dauerhaft schwächende Identitäts-Krise. Auch aus diesem Grund entwickelte sich Deutschland zu dem, was man im englischsprachigen Ausland als "loose cannon on deck" bezeichnet hat, ein überaus ausdrucksstarkes Bild: Ein Geschütz, das auf dem schwankenden Deck eines Schiffs hin und her rollt, nicht aus eigener Kraft, sondern

letztlich von den Wellen bewegt, und das durch seine Bewegungen das Schiff schwer beschädigt und die Mannschaft in Gefahr bringt.
Die Suche nach einer neuen nationalen Identität der Deutschen stellte sich als ausgesprochen schwierig dar, denn die Art der Suche selbst war eine Neuheit, und sie war notwendiger geworden als je zuvor: Die meisten Nachbarstaaten nämlich konnten mehr oder weniger klare Antworten auf "nationale Fragen" geben, am deutlichsten war dies in Frankreich und Großbritannien der Fall – immerhin die beiden wichtigsten Konkurrenten des Deutschen Reichs. Doch selbst diese Länder blicken auf jahrhundertealte Konflikte ihrer Regionen zurück, die sie dann freilich anders zu lösen wussten.
Ebenso kam der Umstand hinzu, dass das neue Reich etwas zu groß war, um in Europa keine beherrschende Rolle zu spielen aber auch etwas zu klein, um eine solche Politik dann klar durchführen zu können. Krisen waren die Folge, zuletzt personifiziert in der unglücklichen Gestalt des letzten Kaisers Wilhelm II.
Beinahkriege und Bündnisfehler erreichten in den Jahren vor dem Ersten Weltkrieg einen Umfang, den man nur als "haarsträubend" bezeichnen kann. Als Beispiel sei die *Kriegszielpolitik* erwähnt, wie sie selbst von einem Liberalen wie Friedrich Naumann in seinem Buch *Mitteleuropa* aus dem Jahr 1915 vertreten wurde. Naumann gehörte zu den gemäßigten Vertretern des Gedankens, dass um das Deutsche Reich herum ein Gürtel von untergeordneten, weil unterworfenen und unterlegenen Staaten geschaffen werden müsse, aus dem heraus sich die Rohstoffversorgung für Deutschland entwickeln würde. Dieses System der Absicherung sollte von Dänemark bis an das Schwarze Meer reichen. Andere geopolitische Gedankenspiele gingen noch wesentlich weiter, und aus allen spricht eine Art Projektion deutscher Problematik auf den gesamteuropäischen Zusammenhang.
Der *Griff nach der Weltmacht*, wie er von Fritz Fischer legendär konstatiert worden ist, stellt ein Konzept aus der Vorstellungswelt des Absoluten, des Endgültigen dar, dessen Bedeutung nicht darin zu sehen ist, was es beinhaltet, sondern was es *nicht* ist, nämlich die Vorstellung, dass Deutschland auch ein "ganz normaler", gleichberechtigter Partner seiner Nachbarn sein könnte, jenseits von Kriegen, nationaler oder anderer Befreiung respektive Unterwerfung beziehungsweise Vormachtstreben.
Es muss Spekulation bleiben, ob Deutschland diesen Weg hätte gehen können, wenn sich der Deutsche Bund perpetuiert hätte und das Land nicht den lange Jahre währenden Umweg über eine Neuauflage des Reichs gegangen wäre.

Die Bismarcksche Politik der *negativen Integration*, also der Weg über Ausgrenzung der Einen zum Zweck der Bindung von Anderen, hatte ein Übriges getan, um die Identitätssuche der Deutschen auf einen Kurs zu lenken, der später in nationale Hysterie führte. Der *Kulturkampf* und die *Sozialistengesetze*, sind Beispiele für den Umstand, dass die Deutschen nach dem "Gründerkrach" der frühen Jahre eine Art Bunker-Mentalität entwickelten, aus der sie sich etwa ein Jahrhundert lang nicht befreien konnten. Elemente dieser Mentalität waren die Vorstellung, geopolitisch eingekreist zu sein, dazu von inneren Feinden bedroht zu werden und dadurch in Gefahr zu stehen, die kulturelle Identität zu verlieren und sich permanent in einem *Kampf um das Dasein* zu befinden.

Da sich das Kaiserreich, jung, auf militärischem Erfolg beruhend und der Tradition des römischen Reichsgedankens entgegengesetzt, auf wirtschaftlich und außenpolitisch durchaus erfolgreichem Kurs befand, setzte bald eine solide Identifikation vieler Deutscher mit diesem Reich und seiner erhofften Zukunft ein, wie sie den vorigen Generationen nur schwer in den Sinn gekommen wäre. Die Zukunftsbesessenheit ist ein in seiner Bedeutung kaum zu überschätzender Bestandteil des *hysterischen Jahrhunderts*.

Das neue Deutsche Reich trug auch aus diesem Grund neureiche, unter Wilhelm II. operettenhafte Züge, die jedoch nicht allen Zeitgenossen lächerlich erschienen. Aus heutiger Sicht indessen wirken Eskapaden wie der berüchtigte "Panthersprung", die *Daily-Telegraph-Affäre* als ein Zeichen eines Minderwertigkeitskomplexes einer ganzen Nation, dem man sich als Bürger, beziehungsweise Untertan nur schlecht entziehen konnte, wenn man das Reich als solches bejahte. Die *Hysterie* wurde weiterhin durch die zunehmende Isolierung durch diplomatische Fehler, die Aufkündigung wichtiger internationaler Bündnisse und Schutzverträge, der Flottenkonflikt mit England, die Suche nach dem *Plätz an der Sonne* oder auch die internen Auseinandersetzungen über die Bewertung der Arbeiterbewegung und den politischen Katholizismus begünstigt.

Bei aller Blüte, wie sie die Künste, die Literatur, die Wissenschaften hervorbrachten, bei aller Bedeutung, die die deutsche Sprache in der wilhelminischen Zeit auch als internationale Wissenschaftssprache genoss, blieben grundlegende Zweifel an der "Echtheit" dessen bestehen, was man war, Zweifel, wie sie etwa in den Schriften Friedrich Nietzsches am deutlichsten zum Ausdruck kamen. Nietzsche war kein Ein-

zelfall in dieser Hinsicht, eher der eloquenteste Exponent eines weit verbreiteten Missbehagens an der damals gegenwärtigen Form Deutschlands.
Bemerkenswert bei dem Stichwort "Nietzsche" ist auch dessen von Verehrung, Enttäuschung und Verachtung geprägte Beziehung zu Richard Wagner in Bezug auf die Frage nach Deutschland:
Richard Wagner, ein politischer Revolutionär der 48er Zeit, hatte sich zu einer Ikone eines neuen Deutschlandbildes stilisiert und eine ganze Generation von "Germanen" und "Neuen Heiden" geprägt. Wagner war unter anderem mit dem russischen Anarchisten Michail Bakunin befreundet und teilte viele seiner radikalen Ansichten. Bemerkenswert ist das insofern, als dass Richard Wagner dann innerhalb der Tradition von 1968, als Inbegriff der Deutschtümelei und des Reaktionären zu gelten kam.
Für Wagners Zeitgenossen, darunter Nietzsche, stellte sich das Bild indessen völlig anders dar als für uns heute. In seiner Schrift "Der Fall Wagner" aus dem Jahr 1888 ist eine Passage zu finden, die einen interessanten Einblick bietet:

> *Die Probleme, die er auf die Bühne bringt - lauter Hysteriker-Probleme. Das Convulsivische seines Affekts, seine überreizte Sensibilität, sein Geschmack, der nach immer schärfern Würzen verlangte, seine Instabilität, die er zu Prinzipien verkleidete, nicht am wenigsten die Wahl seiner Helden und Heldinnen, diese als physiologische Typen betrachtet - eine Kranken-Galerie!*[6]

Wie zu zeigen sein wird, handelt es sich bei dieser Beschreibung auch um eine Darstellung eines deutschen Stereotyps von Revolution, das bis in die Sechziger und Siebziger Jahre des Zwanzigsten Jahrhunderts hineinreicht, insbesondere in das Jahr 1968. Richard Wagner selbst fasste seine Vorstellung über "Die Revolution" 1849 in folgende Worte, und erneut tritt eine ideengeschichtliche Verwandtschaft zutage.

> *Ja, wir erkennen es, die alte Welt, sie geht in Trümmer, eine neue wird aus ihr erstehen, denn die erhabene Göttin Revolution* [...] *die ewig verjüngende Mutter der Menschheit, vernichtend und beseligend fährt sie dahin über die Erde, und vor ihr her saust der Sturm und rüttelt so gewaltig an allem von Menschen Gefügten, dass mächtige Wolken des*

[6] "Ein Musikanten-Problem" Turiner Brief vom Mai 1888.

Staubes verfinsternd die Lüfte erfüllen, und wohin ihr mächtiger Fuß tritt, da stürzt in Trümmer das in eitlem Wahne für Jahrtausende Erbaute, und der Saum ihres Gewandes streift die letzten Überreste hinweg! Doch hinter ihr, da eröffnet sich uns, von lieblichen Sonnenstrahlen erhellt, ein nie geahntes Paradies des Glücke...

Während sich die altehrwürdige Donaumonarchie zwischen Osmanischem Reich und Russland immer mehr zu einem behäbig-trägen Koloss entwickelte, dessen Krisen der Vergangenheit anzugehören schienen und der sich fast ausschließlich mit sich selbst beschäftigte, beruhigte sich das Deutsche Kaiserreich nicht. Für Wien lagen die Barrikadenkämpfe der Märzrevolution, die Aufstände oder auch der Krimkrieg weit zurück. Sicher, es bestanden auch dort innere Spannungen, das Reich litt unter den zentrifugalen Bestrebungen seiner Bestandteile, aber alles in allem ist für die Donaumonarchie kein *furor teutonicus* zu konstatieren. Preußen-Deutschland indessen schlug genau diesen Weg ein.

Die Spanne zwischen 1888 und 1945, Kernphase des hysterischen Jahrhunderts, kann man für Deutschland als eine Zeit von überaus instabilen, unzuverlässigen und unberechenbaren Regierungen verstehen, die durch Krieg, außenpolitische Isolation, Verluste, Wirtschaftskrisen, Umstürze, Neugründungen und Okkupationen das Vertrauen der Bevölkerung in die eigene Staatlichkeit immer weiter untergruben. Die ideengeschichtlich relevanten Symptome waren: parteipolitischer Verfolgungswahn, übertriebenes Lagerdenken, utopische Endzeitvorstellungen; Hybris, politische Radikalität und Minderwertigkeitsgefühle gegenüber den Nachbarn und nicht zuletzt auch Hass auf die Sieger von 1918 und 1945, sowie Akzeptanz der Gewalt als Mittel der Politik.
Erst mit der Gründung der Bundesrepublik endete jene Unsicherheit zumindest auf der Ebene von Verfassung und Wirtschaft und damit sekundär auf der Ebene der materiellen Versorgung und Sicherung des Friedens im westlichen Teil des Landes.

Ernüchtert durch die Erfahrungen der Hitlerzeit und des Zweiten Weltkriegs hatte die "Trümmergeneration", "Frontgeneration" oder auch "Flakhelfergeneration" eine Haltung entwickelt, die Ideologien generell ablehnend gegenüberstand, ganz im Gegensatz zu denjenigen, die um 1945 geboren, Ende der Sechziger Jahre an die Hochschulen kamen und den Krieg selbst nicht mehr kannten, aber dessen Folgen durchaus je-

den Tag zu Gesicht bekamen. Hier entstand eine Wasserscheide der historischen Wahrnehmung quer durch die Gesellschaft hindurch.
Um den Konflikt mit der inzwischen ideologie-aversen Elterngeneration effektiver vorantreiben zu können, waren die "68er" gezwungen, sich solchen Ideen zuzuwenden, die aus der Welt der Ideologie stammten, denn nichts konnte die Elterngeneration mehr schockieren als Erinnerungen an den Zusammenbruch der ersten deutschen Republik, an die Straßenkämpfe und Attentate von Berlin und München, provokante Bekenntnisse "das System" beseitigen zu wollen; Erinnerungen an die enormen Demonstrationszüge, an den Verlust staatlicher Autorität, an die Machtlosigkeit des Parlaments an die Politik der Straße und die radikalen Forderungen der Ideologen und ihre verbale Gewalt. Der Begriff der "außerparlamentarischen Opposition" war ein echter Kampfbegriff, der das Staatsverständnis des *Establishments* treffen sollte, nicht allein eine objektive Beschreibung dessen, was man war oder sein wollte. Der Name von Bewegungen ist stets ein erster Hinweis auf die beabsichtigte Stoßrichtung, den man ernst nehmen muss.
Im Fall der "68er" waren dies vor allem kommunistisch-sozialistische Inhalte, die dann je nach Belieben zu einem postmodernen Mix verarbeitet wurden, in den außerdem psychologische, alternativ-pädagogische, sozialwissenschaftliche, esoterische Bestandteile integriert wurden. Es kam dabei weniger auf den Gehalt der Ideologie an, sondern darauf, dass Ideologie an sich als Waffe dienen konnte. Die Vielfalt der existierenden Gruppen erinnert durch diese Beliebigkeit an die Gemengelage der ersten Nachkriegszeit von 1918, als ebenfalls eine schier unglaubliche Vielzahl an kleinen und kleinsten Vereinigungen entstand, die mehrheitlich das Ziel hatten, die bestehende Ordnung abzuschaffen, auch wenn sie sonst keine Gemeinsamkeiten hatten. Die frühe Bundesrepublik mit ihrer stabilen und in den Westen integrierten Verfassung war daher in mehrfacher Hinsicht moderner als viele ihrer Bürger, ob jung oder alt.

Es ist zu fragen, inwiefern die "K-Gruppen" der späten Studentenbewegungen tatsächlich kommunistische Positionen vertraten und in welcher Beziehung ideologische Dekorationen mit den realen Positionen in Einklang standen. Es handelte sich dabei vermutlich nicht primär um Befreiung, oder um die Umsetzung von Utopien, sondern in erster Linie um einen Versuch, die Last der unmittelbaren Vergangenheit, die Last der Elterngeneration, abzuschütteln – der Kernpunkt jedes Generationenkonfliktes.

Doch bekanntlich ist die "68er-Revolte" als Generationenkonflikt kein allein deutsches Phänomen, sondern ein gesamteuropäisches oder gesamtwestliches, das auch in Ländern auftrat, die am Holocaust nicht als Täter beteiligt waren, sondern unter ihm gelitten hatten oder auch mittelbar von ihm betroffen waren, wenn man etwa an Übersee als Ort der Emigration und des Überlebens denkt. Ein interessanter Aspekt dabei ist: Das Schlagwort *Holocaust* spielte in den Debatten der "1968er-Zeit" keine zentrale Rolle wie die Diskussion des Themas "Faschismus", den die Revolutionäre überall witterten. Aus heutiger Sicht ist es kaum begreiflich, wie eine Diskussion des Dritten Reiches über das Thema der nationalsozialistischen Vernichtungslager mehr oder weniger hinwegsehen kann.
Die radikalen "68er" verwendeten in erster Linie Leninistisch-Marxistisches Vokabular, also Begrifflichkeiten aus der Zeit vor 1933, um ihre Wirklichkeit zu beschreiben und in ihrem gedanklichen Arsenal nahm der Begriff des "Holocaust" eine stark untergeordnete Stellung ein. "Modernere" Einflüsse auf das Denken der "68er" stammten zumeist aus Ländern, die nicht mit dem Holocaust in Berührung gekommen waren, wie Cuba, China und Vietnam, und auch dort berief man sich auf Marx und Engels. Damit waren es wiederum gedankliche Gerüste, die im Jahr 1968 bereits über hundert Jahre alt waren und aus der Zeit vor dem Holocaust stammten.

Aus diesem Grund ist die Frage nach der Singularität des Holocaust, eine Debatte, die vor und nach 1968 geführt wurde und hier vor allem in den frühen Achtziger Jahren, ideengeschichtlich von dem Hintergrund der Studentenrevolte zu trennen. Denn es lag nicht im Interesse der APO das Spezifische des Holocaust zu erkennen, sondern, gerade im Gegenteil, darin, die gesellschaftliche Ordnung der Bundesrepublik mit der des Dritten Reiches gleichzusetzen.
Sobald die Besonderheit des nationalsozialistischen Völkermordes an den europäischen Juden und an anderen Minderheiten diskutiert wird, fällt die Gleichsetzung mit anderen bestehenden Systemen schwer. Doch um die ging es, genau diese Gleichsetzung war eine Kernthese der protestierenden Jugend, nämlich, dass die "autoritären Strukturen" der Bundesrepublik, etwa der Wehrdienst, Schulen, Ordinariensystem, Justiz, die Polizei, die Elterngeneration, die Kirchen, etc. im Kern faschistisch oder "präfaschistisch" seien und in der Tradition der NS-Zeit zu sehen seien.
Damit fielen für die "68er" auch die Phänomene des italienischen und spanischen Faschismus, die Form der österreichischen und ungarischen Totalitarismen vor 1933 und die "Bewegung" der NSDAP im Deutschen Reich vor 1933 gedanklich im Gro-

ßen und Ganzen mit dem zusammen, was unter der Herrschaft der NSDAP nach der Wannseekonferenz in der Zeit des Zweiten Weltkrieges tatsächlich praktiziert wurde. Die Kritik galt "dem kapitalistischen System" insgesamt, und deswegen durfte nicht unterschieden werden, da ansonsten die gesellschaftliche und wirtschaftliche Ordnung der Bundesrepublik in einem angemessenen Licht erschienen wäre. Durch die radikale Gleichsetzung jedoch von Kapitalismus und Faschismus konnte die bestehende Gesellschaft der Adenauerzeit viel wirkungsvoller attackiert werden. Aus diesem Grund spielte der Holocaust für die ideologischen Teile der "68er" keine Rolle und *konnte* keine spielen.

Dieses Thema kam erst rund zehn Jahre später wieder auf die Agenda des bundesdeutschen Diskurses, nachdem es in den frühen Fünfziger Jahren schon einmal eine intensive Debatte gegeben hatte, vor allem angeregt durch Eugen Kogons Publikation "Der SS-Staat" von 1946 und die Nürnberger Prozesse. Thematisch und inhaltlich haben dem die "68er" im Grunde nichts hinzugefügt.
Unser heutiges Bild der NS-Zeit ist weitaus differenzierter, einmal durch den wachsenden zeitlichen Abstand zu den Vierziger Jahren und sicherlich auch durch die Vielzahl der "Bearbeitungen des Stoffes" durch Kunst, Film, Politik und Wissenschaft. Vor allem jedoch dadurch, dass die NS-Zeit inzwischen erheblich seltener für den tagespolitischen Gebrauch instrumentalisiert wird. Geschieht dies dennoch, etwa aus dem Mund von schlecht ausgebildeten oder beratenen Politikern in Form von *Hitler-Vergleichen*, ist in der Regel mit Rücktritten oder zumindest öffentlichen Entschuldigungen zu rechnen. Auch dies ist eine Erscheinung, die in den Sechziger Jahren so nicht oder nur selten anzutreffen war.
Wenn in der historischen Forschung heute ein debattengeleiteter Konsens darüber besteht, dass es sich bei dem "Phänomen des Holocaust" um einen historisch einzigartigen Vorgang handelt, der von den Ereignissen in anderen Ländern mit totalitärer Vergangenheit zu trennen ist, dann ist dies ein Stand, der von vielen Akteuren der Revolten damals sicher bestritten worden wäre.
Denn dies hätte für die Radikalen das Eingeständnis bedeutet, dass die junge Bundesrepublik *eben kein* faschistischer Staat in der Tradition des Dritten Reiches war, sondern ein demokratischer Rechtstaat, dessen verfassungsmäßige Gestalt auch eine Reaktion auf die Erfahrungen des Nationalsozialismus war. Doch das zentrale Interesse der Proteste lag in der Eskalation und der Schockwirkung. Nur aus dieser Perspektive sind damals populäre Slogans wie das eingangs erwähnte *USA-SA-SS* zu verstehen.

Hier stehen noch vergleichende Untersuchungen der Publikationen etwa italienischer, französischer und deutscher Aktivisten aus: Allesamt Länder, die 1968 an Intensität ähnliche Eruptionen erreichten oder Deutschland sogar übertrafen, etwa, wenn man an Paris und Mailand denkt.

Denn nur aufgrund der Gleichsetzung von Kapitalismus und Faschismus, Imperialismus, Weltkrieg, konnte jene umfassende Fundamentalkritik an den "herrschenden Verhältnissen" und den "herrschenden Klassen" auf der ganzen Welt erreicht werden, um die es tatsächlich ging, und nur auf diese Weise war die Gleichsetzung von legitimem Gewaltmonopol innerhalb demokratischer Staaten mit dem Agieren von nationalsozialistischer Gewaltherrschaft zu rechtfertigen. Auf zweiter Ebene dann war nur durch diese Gleichsetzung eine heroische Herausbildung, der Mythologisierung der eigenen Rolle denkbar.

Die "68er", mehrheitlich noch nicht graduierte junge Akademiker, hatten tendenziell eine soziologisch-politologisch geprägte, in abstrahierenden Modellen denkende Perspektive, nicht eine völkerrechtlich oder humanistisch-historisch geprägte Perspektive, die den Einzelfall wahrnimmt und die Quellen sprechen lässt. Es ist freilich ehrenhafter, gegen ein faschistisches System zu protestieren, als gegen einen demokratischen Rechtstaat, der einem das Recht zu eben jenem Protest in der Verfassung ausdrücklich zugesteht. Diese Paradoxie zieht sich leitmotivisch durch die gesamte Geschichte der Revolte.

Kein Thema war und ist für Provokationen im deutschen Diskurs so geeignet wie der Nationalsozialismus und der Holocaust, oder in den Worten der "68er", der inflationär verwendete Begriff *Faschismus*. Nichts versprach mehr Erfolg im Kampf der Generationen als Erinnerungen an Weimar und die frühe NS-Zeit. Das Instrumentarium war vielfältig und seit der Novemberrevolution altbewährt:

Öffentliche Verbrennungen von Schriften und Symbolen, spektakuläre Boykotte, das Niederbrüllen von Gegnern, *Mobbing* von einzelnen Hochschullehrern, öffentliche Hasstiraden, konspirative Romantik, Fahnenmärsche mit Sprechgesang und rhetorische Verherrlichung von Gewalt, aber auch endloses Palavern im ideologischen Jargon, Erziehungsbesessenheit und der Anspruch, eine bessere Welt und vor allem einen besseren Menschen formen zu wollen und zu können; schließlich, ein ideengeschichtlich in seiner Bedeutung kaum zu überschätzender Aspekt, die Vorstellung, dass für die bessere Zukunft der Welt in der Gegenwart nun einmal blutige Opfer zu bringen seien.

Genau, wie Richard Wagner es in der oben zitierten Textstelle hundert Jahre zuvor formuliert hatte und wie es von zahllosen Poeten des Umsturzes wiederholt wurde. All dies sollte und musste die Gesellschaft der Adenauerzeit zutiefst beunruhigen. Je mehr Angst die vom Krieg traumatisierte Mehrheit der bundesdeutschen Bevölkerung hatte, desto wirksamer erschien der Kampf der akademischen Jugend, die den Kampf jedoch mit bemerkenswert unakademischen Mitteln führte.
Man kann den "68ern", sofern sie sich mit dem Thema *Nationalsozialismus* befassten, den Vorwurf der Relativierung historischer Zusammenhänge, der Instrumentalisierung der jüngsten Geschichte und auch der Verdunklung daher nicht ersparen. Die radikalen "68er" waren in Bezug auf die unmittelbare deutsche Vergangenheit mit Sicherheit keine Aufklärer.

1.1 Verlauf der Revolte

Gerd Langguth[7] hat die Studentenbewegung in insgesamt acht Phasen eingeteilt, die er folgendermaßen charakterisierte: In der Vorphase der Jahre 1960 bis 1965 entstand durch die Trennung von SPD und dem ehemals "linken Offiziersklub", SDS, dem immerhin auch Helmut Schmidt angehört hatte, eine Keimzelle der Protestbewegungen, die sich immer mehr nach links bewegte. Am Ende dieser Entwicklung stand die Unvereinbarkeit mit der traditionellen Sozialdemokratie, die den Weg des Godesberger Programms eingeschlagen hatte.
Es folgten in der zweiten Phase auf Hochschulen beschränkte Aktionen mehr oder weniger allein innerhalb des akademischen Milieus. Die dritte Phase zwischen dem Tod Benno Ohnesorgs am 2. Juli 1967 und der *Antinotstandskampagne* im Sommer 1968 traten Aktionen gegen das Verlagshaus Springer in den Vordergrund; die Protestbewegung verließ die Hochschulen und wurde öffentlich. Die vierte Phase endet im Jahr 1970 mit der Selbstauflösung des SDS und dem Zerfall der Bewegung in kleine und kleinste Protestgruppen. Im nächsten Abschnitt treten leninistische Gruppen verstärkt in den Vordergrund. DKP-nahe Organisationen, wie der *Marxistische Studentenbund Spartakus*[8] gewannen an Profil. Vor allem in dem Jahr 1971 sah

[7] In: Mythos '68. Die Gewaltphilosophie von Rudi Dutschke - Ursachen und Folgen der Studentenbewegung. 2001.
[8] Auch dies eine bewusste Anspielung auf die Nachkriegszeit 1918 und die Geburtswehen der ersten Republik.

Langguth einen Höhepunkt solcher Konzentrationsbestrebungen von Gruppierungen, die das leninistische Führungsmodell favorisierten und auf harten Kollisionskurs mit der demokratischen Ordnung der Bundesrepublik gingen. Erst langsam, in den darauf folgenden Phasen, änderte sich das Bild erneut, gewissermaßen eine Rückkehr zu den Anfängen, als Alternative und Sponti-Bewegungen, etwa in Frankfurt am Main auftraten, die eher in der Tradition der dezentralen Gründerjahre der Protestbewegung standen.

Dieser Trend fällt dann vollständig in die Siebziger Jahre, vor allem in die zweite Hälfte des Jahrzehnts. Bemerkenswert ist nun auch die Abnahme von traditionell kommunistischer Symbolik etwa in den Eigenbezeichnungen von Gruppen. Anklänge an Weimar und die sozialistisch-kommunistische Tradition schwinden. Die "Bewegung" wandte sich von den großen kommunistischen Führern ab, vor allem nach Maos Tod im Jahr 1976, und konzentrierte sich auf die neu-, beziehungsweise wiederentdeckten Themen *Friedenspolitik* und *Umwelt- oder Tierschutz*, traditionell eher rechte Politikfelder, wie Martin Fritz Brumme in seiner Schrift "Kynophagie" aufwies.[9]

Das Jahr 1980 stellt nach Langguth den Abschlusspunkt dar, als sich die KPD auflöste und die Grünen politisch in Erscheinung traten, um das problematische Erbe von 1968 für sich in Anspruch zu nehmen, ein Prozess der für viele prominente Grüne später mit schmerzhaften Aufarbeitungsprozessen verbunden sein sollte.

Wenn man, so wie hier, den Verlauf der Revolte auf ein Minimum zusammenfasst, erhellt sich das Bild der Protestbewegung zusehends: Die Welle des Protestes steigt schnell und bemerkenswert stark an, um dann im Laufe eines ganzen Jahrzehnts abzuflauen. Künftige Untersuchungen zur Parteigeschichte werden insbesondere die Wandlungen der verschiedenen Biotope innerhalb der Partei der Grünen untersuchen, den Untergang der linksradikalen *Fundis* und des rechtsextremen Flügels, den es anfangs auch gab, die Wendung der Partei hin zur Realpolitik, als sich die Wirkung der Provokationen auf die Mehrheit der Bevölkerung abgeschwächt hatte.

Entscheidend für das große Bild der "68er-Zeit" ist jedoch, dass die Entstehung des Terrorismus in Deutschland, namentlich der Terrorismus der RAF, nicht als Hauptauslassventil der Protestbewegung gesehen werden muss. Die Studenten, die ab 1967 auf die Straße gingen, hatten andere Ziele als die Terroristen der Siebziger Jahre, auch wenn sie gemeinsame ideengeschichtliche Wurzeln hatten. Der "typische Ver-

[9] Im Magazin für die Ehemaligen der FU Berlin: www.morgenwelt.de/638.html

treter" der APO, die Mitläufer und die Sympathisanten strebten ausdrücklich, einen "langen Marsch durch die Institutionen" an, und damit die Beamtenlaufbahn, also auch Beihilfen, sichere Altersversorgung und Unkündbarkeit. Auch wenn die einzelnen Vertreter später mit Figuren wie Baader oder Ensslin teilweise sympathisiert haben mochten, so war der jeweils eigene Lebensentwurf der meisten doch stark von Vorstellungen der bürgerlichen Mittelschichten geprägt, die allerdings mit Elementen sozialer Utopie garniert war.

Gegen den Vorwurf, der Generationenkonflikt von 1968 sei der Brutkasten des Terrorismus gewesen, oder der Terrorismus sei endemisch gewesen, muss man die Studentenbewegung in weiten Teilen in Schutz nehmen. Es gibt vermutlich keinen direkt kausalen, logisch zwingenden Verbindungsweg zwischen den Anti-Springer-Kampagnen und den Aktionen der antisemitischen Berliner *Tupamaros* am 9. November 1969 oder dem Mord an Hanns-Martin Schleyer durch die RAF, doch die Klammer der gemeinsamen ideengeschichtlichen Epoche verbindet die RAF und ihre Vorläufer mit den antibürgerlichen, gewaltbereiten, paramilitärischen, etc. Gruppen der Weimarer Zeit ebenso wie mit den antibürgerlichen Gruppen des Jahres 1968. Zugehörigkeit zur gleichen Kategorie ist nicht gleichbedeutend mit kausaler Verbindung innerhalb der Kategorie, doch die gemeinsamen Kennzeichen waren: theorieüberfrachtete Heldenverehrung, Proletenkult, Gewaltphantasien, Allmachtgedanken, Polarisierungssucht und Untergangsromantik.

Von Bedeutung für den gegenwärtigen Blick auf die Studentenbewegung ist ferner, dass sie sich von einem hochschulinternen Selbstfindungsprozess der neuakademischen Jugend, wie er in jeder Generation vorkommt, zu einem gesellschaftsumgreifenden Konflikt wandelte, der vor allem deshalb ideologische und totalitäre Züge annahm, weil die Werte des *Maßhaltens*, des *Sich-Beschränkens*, der *Bescheidenheit* und dergleichen von der älteren Generation, fleischgeworden in der Person Ludwig Erhards, bereits offensiv und auf moralisierende Weise belegt worden waren. Dorthin konnte man sich als jugendlicher Rebell nicht mehr flüchten.
Ebenso waren die Werte des *Parlamentarismus*, der *Demokratie* des *Christentums*, der *sozialen Marktwirtschaft*, der *Westintegration* besetzt. Die revoltierende Jugend hatte gar keine andere Wahl, als sich solchen Gedankengebäuden anzuschließen, die diese Werte radikal ablehnten, wenn sie im Konflikt der Generationen bestehen wollte – und genau darum ging es in der Adenauerzeit in ganz besonderem Maße. Die

bundesdeutsche Gesellschaft der Fünfziger und Sechziger Jahre war zutiefst von integrativen Gedanken geprägt: Flüchtlinge, Vertriebene, alte Nazis und deren Opfer, Mitläufer, westliche Besatzer, Gastarbeiter und viele weitere Gruppen – sie alle mussten auf einen Nenner gebracht werden, wenn der Wiederaufbau des Landes erfolgreich sein sollte. Das geschah vor allem dadurch, dass eine geradezu gnadenlose Bereitschaft (oder Verpflichtung) zur Integration gepflegt wurde. Damit war eine deutliche Kultur des *Nicht-Infrage-Stellens* verbunden, die förmlich zur nationalen Tugend wurde. Gleichzeitig, und das ist das Bemerkenswerte, schlug die Bundesrepublik einen Weg der unbedingten Presse- und Meinungsfreiheit ein, der rechtlich bestand, aber *de facto* oft nicht in vollem Maße wahrgenommen wurde. Der Staat war eben in mancherlei Hinsicht moderner als viele seiner Bürger – alt oder jung.
Deswegen musste die Jugend, wenn sie eine eigene Identität finden wollte, aussteigen und diese Werte an sich und alle miteinander ablehnen. Dadurch wiederum entfernte sich die revoltierende Jugend immer mehr von ihren ursprünglichen Zielen der Befreiung und Emanzipation und geriet in den Strudel der ideologischen Widersprüchlichkeit. Dies war der innere Motor der Protestbewegungen von 1968.
Auf der anderen Seite war der moralische Druck auf die Jugend durch die Elterngenerationen zweifach: Nicht nur waren die Eltern und Großeltern als Generation für den Zweiten Weltkrieg verantwortlich zu machen, für die Akzeptanz Hitlers und die zahllosen Verbrechen, denn sie hatten Hitlers Personal gestellt, diese Elterngeneration nahm auch für sich in Anspruch, das zerstörte Land wieder aufgebaut zu haben und das *Wirtschaftswunder* bewirkt zu haben. Auch hier sprach groteske Hybris aus Auftreten und Wortwahl und provozierte verständlicherweise den Protest der Jugend.

Die Abrechnung der "68er" mit der Generation der *Alten Nazis* war eine Diskussion über eine Neuauflage der nationalen Frage durch die Brille des Marxismus betrachtet. Der Holocaust, die Verbrechen der bewaffneten Organisationen des Nationalsozialismus und der Wehrmacht, der Genozid an den europäischen Juden, an Sinti und Roma, die Verfolgung von religiösen und sozialen Minderheiten und Behinderten interessierte die APO im Grunde nicht, allenfalls aus der Perspektive instrumentalisierter Pseudowissenschaft mit Schlagrichtung auf das "Establishment". Nur so ist der latente, offene und teilweise auch unverhohlen aggressive Antisemitismus und Antizionismus der Haschrebellen, Tupamaros, der RAF und anderer Extremisten jener Jahre wie Horst Mahler, Dieter Kunzelmann und Ulrike Meinhof zu verstehen.

Wolfgang Kraushaar und Gert Koenen[10] haben in einer reichen Fülle von Quellenmaterial entsprechende Nachweise geführt (vor allem aus der Perspektive des "roten Jahrzehnts" der Siebziger Jahre), und entsprechend der Bedeutung dieser schlagenden Beweise publizistisch schwere Prügel von Apologeten der APO beziehen müssen. Die Zeit jedoch arbeitet für Kraushaars und Koenens Thesen.

Der *Wiederaufbau* war mit einem erheblichen moralischen Druck auf die jüngere Generation verbunden, der dadurch entstand, dass die aufbauende Generation gleich doppelt in den Geschichtsbüchern stehen würde, als Personal des Weltkriegs und als Personal eines nie gesehenen Aufbaus – ein Schatten, aus dem schwer hervorzutreten war.

Verständlich, dass die Jugend, wenn sie sich diesem Druck entziehen wollte, die freiheitlich-demokratische Grundordnung der frühen Bundesrepublik ablehnen musste. So ist es zu verstehen, dass sich die akademische Jugend an kommunistischen Machthabern aus aller Welt orientierte und ihre Bilder als Ikonen dazu benützte, mehr Mitsprache und Demokratie an den Hochschulen einzufordern – ein im Grunde vollkommen unvereinbarer Mix, schließlich bestand in den besagten Ländern wie China an den Hochschulen oder anderswo Freiheit nicht einmal ansatzweise. Aber darum ging es den Revolutionären nicht. Was als legitimer Prozess der Selbstbewältigung einer Nachfolgegeneration begann, mauserte sich zu einem Marathon der politischen Irrtümer und Fehleinschätzungen in Bezug auf das eigene Land und die eigene Kultur, der rund ein Jahrzehnt anhalten sollte.

---

[10] Das rote Jahrzehnt. Unsere kleine deutsche Kulturrevolution 1967-1977. Köln 2001.
Kraushaar, Wolfgang. Die Bombe im jüdischen Gemeindehaus. Hamburg 2005

2. Parallelen der Generationen

Die beiden jüngeren Generationen der letzten Jahrhundertmitte, geboren jeweils nach einem Weltkrieg, weisen bei näherem Hinsehen einige überaus verblüffende Übereinstimmungen auf, die sowohl die Ereignisgeschichte betreffen als auch die Ideengeschichte. Es geht dabei natürlich nicht um eine "Gleichsetzung", sondern darum, dass die Geschichte der Jahre zwischen 1870 und 1968 im Licht der Kontinuität als eine eigenständige Epoche gesehen werden kann, in der die Radikalität der Weimarer Jahre als Erblast der problematischen Reichsgründung noch in die Bundesrepublik hineinreichte, wobei die Träger dieser Radikalität jeweils für sich in Anspruch nahmen, etwas grundsätzlich Neues zu fordern, zu tun oder zu schaffen. Wie kam es dazu?

Eugen Kogon hat den Erfolg des Nationalsozialismus in Deutschland auf ein Paar angeblich spezifische Charaktereigenschaften der Deutschen zurückgeführt. Ganz gleich, wie man solchen Versuchen auch gegenüberstehen mag, ist es dennoch nicht uninteressant, zu fragen, ob diese Beschreibung tatsächlich nur auf die Nationalsozialisten zutrifft oder nicht auch vielleicht auf andere politische Bewegungen davor oder danach. Kogon nannte insbesondere als "typisch deutsch":

Betriebsamkeit, Minderwertigkeitsgefühl durch Überhebung kompensierend, romantisch und materialistisch zugleich, politisch ohne fundierte Kritik, autoritätsergeben, disziplinsüchtig, nach oben gerne kuschend, nach unten tretend, voll Bewunderung für alles Militärische... [11]

Auch auf viele Teile der "68er" trifft diese Beschreibung gut zu, wie noch zu zeigen sein wird.

Wer also waren "die 68er"? Modellhaft kann man darauf antworten, dass es sich, wie bei fast jeder anderen sozialen Formation auch, bei der Gruppe der "68er" um ein jahresringartiges Gebilde handelt, in dessen Zentrum sich eine zahlenmäßig kleine Elite befindet, um die herum sich in abnehmender Intensität verschiedene Ringe von Sympathisanten anordnen: Innen die Prominenz und die Avantgarde sowie deren Umfelder, direkte, dann indirekte Unterstützer und Träger der Bewegung sowie Mitläufer und Profiteure, ganz außen wohlwollende Betrachter und Mitläufer. Diese kreisförmige Aufteilung wird weiter differenziert in radiale Segmente, Kuchenstücke, die

[11] Der SS-Staat. Das System der deutschen Konzentrationslager. Manuskript: 1945

verschiedene inhaltliche Richtungen repräsentieren, also etwa: Kunst/Kultur, Hochschulpolitik oder Publizistik, Kontakte ins Ausland, öffentliches Auftreten und dergleichen. Die jeweiligen Grade der Radikalität, also die Jahresringe, zwischen Gradualisten und Maximalisten, können dabei von einzelnen Akteuren übersprungen werden, wobei auch pendelhafte Bewegungen möglich sind. Ein radikales Mitglied der publizistischen Avantgarde kann hinsichtlich von Straßenkämpfen ein lediglich moderat-wohlwollender Beobachter sein. Die inhaltlichen Positionen einer solchen Gruppierung können innerhalb des Verbundes größer sein als zwischen den Rändern und den außen liegenden Räumen.
Im Folgenden werden unter dem verallgemeinernden Begriff "68er" vor allem solche Personen verstanden, die der *Elite der 68er-Zeit* und deren Idealen, die zu beschreiben sind, konzentrisch gegenüberstanden, also mit Blick und Tendenz auf den Mittelpunkt.

Konkret jedoch setzte sich die APO aus einer Vielzahl regional und organisatorisch getrennter, unabhängiger, kooperierender, konkurrierender verfeindeter Gruppen zusammen. Allein der *Republikanische Club Nürnberg*, relativ unbedeutend im Gesamtzusammenhang von 1968 und insgesamt wohl vergleichsweise gemäßigt, bestand bei Gründung aus folgenden Strömungen: Mitgliedern der Kampagne für Demokratie und Abrüstung, des Kuratoriums Notstand der Demokratie, der Deutschen Friedensgesellschaft; Vertretern der Evangelischen und Katholischen Jugendverbände, der Evangelischen Studentengemeinde (ESG), der Humanistischen Union (HU), der Humanistischen Studentenunion (HSU), Vertretern des SDS, Mitgliedern der FDP, SPD und der Jungsozialisten, der Falken, des SHB und DGB, der Deutschen Jungenschaft, Vertretern des Liberalen Studentenbundes (LSD), des Unabhängigen Sozialistischen Schülerbundes (USSB), des Hans-Böckler-Kreises (HBK), des Bundes für Geistesfreiheit (BfG), Vertretern der lokalen Schülerpresse, der Sozialistischen Internationalen der Kriegsdienstgegner (IdK) und des Verbandes der Kriegsdienstverweigerer (VK). Vertretern des AStA der Universität Nürnberg, der Assistenten und des Studentenparlaments.
Aus diesem Grund ist der Begriff der "Außerparlamentarischen Opposition" stets im Sinn eines überaus vielfältigen Plurals zu verstehen und nicht, wie der Begriff an sich nahe legt, als ein kollektiver Singular, als eine einheitliche, wenn nicht sogar monolithische Bewegung.

Wer gehört zur "Generation von 1968"? Wer oder was ist ein "68er"? Diese Fragen haben verschiedene Antworten: Zunächst einmal, ganz oberflächlich, alle, die in den Jahren 1968 etwa zwanzig Jahre alt waren, also nach dem Krieg oder in den letzten Kriegsjahren geboren und zum Zeitpunkt des Ausbruchs der Revolte noch keine sichere soziale Stellung erreicht hatten, also Schüler, Azubis und Studenten – sie alle sind auf irgendeine Weise mit dem Jahr 1968 verbunden.
Aber diese Antwort überzeugt natürlich in Bezug auf die vorliegende Fragestellung keineswegs, denn man konnte Student sein und den Forderungen der Revolte ablehnend gegenüberstehen, wie dies zum Beispiel, man würde sich auch wundern, bei Peter Gauweiler, geboren 1949, oder Edmund Stoiber, geboren 1941, der Fall war. Sind "68er" also solche damals jungen Leute gewesen, die den Forderungen der Revolte in irgendeiner Weise positiv gegenüberstanden? Auch das genügt nicht, denn um zu einer *kleinen radikalen Minderheit*, wie die Selbstbeschreibung ja lautete, zu gehören, ist es nötig, die Revolte in irgendeiner Weise mitzutragen, durch Anwesenheit, durch Mitwirken, durch sonstige Unterstützung, verbal, physisch, finanziell-materiell oder wie auch immer.
Die Differenzierung endet jedoch erneut noch nicht an diesem Punkt, denn auch das Nachleben ist für den Begriff des "68ers" von Bedeutung: Trat wie im Fall von Joschka Fischer oder Joscha Schmierer jene fast schon sprichwörtliche Verwandlung vom Radikalen zum Moderaten ein, oder blieb sich ein Akteur, wie etwa Fritz Teufel, ein Leben lang mehr oder weniger treu? Haben sich die Betroffenen erst nach 1968 zu den Werten der Studentenbewegung bekannt und sich im Nachhinein zu "68ern" stilisiert, sozusagen als verspätete Mitläufer? Waren die Betreffenden am Entstehen des Mythos, an der Verklärung der eigenen Vergangenheit intellektuell beteiligt, an der Verklärung gewaltbereiter Guerilla und Stadtguerilla wie Hans Magnus Enzensberger in seinen Kursbüchern, oder haben sie, wiederum wie Fritz Teufel, Versuche der Verklärung, auch durch Dritte, eher zu meiden gewusst? Oder, schließlich, haben sie wie Koenen und Kraushaar eine Wende erlebt, die sich von den radikalen Wurzeln entfernte und zuletzt in die Lage versetzte, die eigene Vergangenheit aufzuarbeiten?

Auch der internationale Blick macht die Vielfalt weiter deutlich: Der Anfang der Proteste wurde an einigen Hochschulen an der Westküste der USA gemacht, wo, ähnlich wie in New York, ein Klima vorherrschte, das eher die *Democrats* als die *Republicans* begünstigte. Durch das amerikanische Engagement in Vietnam, durch die krasse

Ungleichheit von Schwarzen und Weißen und nicht zuletzt auch durch die spezifisch amerikanische Ausprägung des Protestantismus und die Entstehung einer neuen Mittelschicht war eine gesellschaftliche Diskontinuität der Generationen entstanden, die in vielerlei Hinsicht mit der Generationenspaltung in anderen Ländern vergleichbar war, aber eben nur in vielerlei Hinsicht und vor allem nur schwerlich mit Deutschland. Doch eines verband sie: In beiden Ländern dominierte eine Elterngeneration, die für sich in Anspruch nahm, die Welt "gerettet", oder, im deutschen Fall, wieder aufgebaut zu haben. Stets war mit den "Leistungen" der Eltern ein derart übermenschlicher Moralanspruch verbunden, dass in der Revolte der einzig gangbare Weg für eine Jugend lag, die sich ansonsten nicht mit eigenen Leistungen etablieren konnte. Denn im Vergleich zu "Weltrettern und -zerstörern" beziehungsweise "Wiederaufbauern" wirken Erstsemesterstudenten der Sozialwissenschaften nicht gerade spektakulär.
Nun neigen akademische Bewegungen seit jeher dazu, sich schneller auszubreiten als andere soziale Entwicklungen, ebenso wie sie dazu neigen, folgenloser zu sein, und so kam es auch, typisch für die westliche Welt, dass eine Befreiungsbewegung von Westen her kommend, sich wellenartig nach Osten hin ausbreitete, in Frankreich und Deutschland Höhepunkte erreichte und schon weit vor der russischen Grenze verebbte, besser gesagt, unterdrückt wurde.

Die amerikanische Debatte der Rassentrennung konnte auf Deutschland nicht übertragen werden, die des Vietnamkrieges nur dadurch, dass man sich die Sache des Vietcong zu eigen machte, denn anders als in den Vereinigten Staaten, hatten junge Männer in der Bundesrepublik nicht zu befürchten, nach Fernost geschickt zu werden. Auch der Aspekt der spezifisch nordamerikanischen Religionskonflikte war in Deutschland nicht vorhanden, doch der Funke sprang dennoch über und landete in Frankfurt am Main, in Berlin ebenso wie in Paris oder Mailand – jeweils in ziemlich verschiedener Gestalt.
Die deutsche Bewegung wuchs dann im Rahmen der traditionellen linken Klubs, wie dem SDS, dem Sozialistischen Deutschen Studentenbund, und dem Sozialistischen Hochschulbund SHB - beides keine Gründungen der "68er", sondern aus der unmittelbaren Nachkriegszeit. Im Zuge der Radikalisierung der Bewegung zerfiel das Phänomen immer weiter in zahlreiche kleine und kleinste Gruppen, die sich untereinander fast ebenso vehement bekämpften, wie ihre vermeintlichen gemeinsamen politischen Gegner: Die Zahl der Positionsschriften, Pamphlete, Plakate und Grundsatzpa-

piere ist so enorm, dass sie bis heute kaum übersichtlich sortiert werden konnte, obwohl zahlreiche Versuche und Quelleneditionen bereits vorliegen.

Die Jugend jener Jahre hatte das Gefühl, eine von der Elterngeneration mutwillig zerstörte Welt geerbt zu haben. Der daraus resultierenden Wut verliehen sie Ausdruck, indem sie das in Frage stellten, woran diese Elterngeneration glaubte, und indem sie sich mit dem identifizierten, wovor die Elterngeneration sich am meisten fürchtete: Kommunismus im Stil des Kalten Krieges und politische Radikalität im Allgemeinen. Es ging nicht um eigene sozialistische Utopien, sondern in erster Linie um Selbstfindung und um Selbstbewältigung, also jenes alte, mit der Reichsgründung notwendig gewordene Projekt des *hysterischen Jahrhunderts*.

Die bundesdeutschen Behörden hätten dies sehen können und wären auf dieser Grundlage vielleicht dazu fähig gewesen, eine klügere Politik zu führen. Doch die Behörden ließen sich von den hysterischen Auftritten, von der durchaus ehrlich gemeinten Empörung der Jugend, ihrer Gewaltbereitschaft und dem apokalyptischen Element einschüchtern, denn sie litten ja selbst an den gleichen Symptomen. Das *hysterische Jahrhundert* verlangte nach hysterischen Reaktionen auf beiden Seiten.

Das alte Motto der Bohème, *épater le bourgeois*, erhielt nun im Kontext der jungen Bundesrepublik einen neuen Sinn; verbale wie tatsächliche Gewalt auf beiden Seiten war das Resultat. Zu den bekannten Slogans dieser Jahre gehören Sätze wie: *Über Gewalt redet man nicht, man wendet sie an!* oder über den damals Regierenden Bürgermeister von Berlin: *Brecht dem Schütz die Gräten, alle Macht den Räten!*

Die Eskalation ging immer deutlicher von verbaler zu tatsächlicher Gewalt über: *Mobbing*, Besetzungen, Straßenschlachten und Blockaden... Auch Behörden und Medien reagierten immer wieder von neuem hysterisch auf ein Phänomen, das bei vielen Beobachtern auch damals schon Erinnerungen an die Weimarer Zeit weckte: Knüppeleinsatz auf öffentlichen Plätzen, grobe Verhaftungen, Zugriffe und väterliches Moralisieren von Respektspersonen in Bezug auf Land und Vergangenheit.

Nicht nur hatte die Gewalt zugenommen, auch die radikalen Parteien links und rechts von dem, was man als politische Mitte empfand, gewannen an Einfluss: NPD und Kommunisten sowie das Entstehen mehrerer radikaler Untergrundbewegungen, die sich RAF, "Bewegung 2. Juni" oder "Heidelberger Patientenkollektiv" nannten.

In dem Jahrzehnt zwischen 1965 und 1975 stieg das Budget des Bundeskriminalamts daher um rund das Zehnfache, der Personalbestand etwa um das Vierfache. Der Verfassungsschutz verdoppelte die Zahl seiner Mitarbeiter und erhielt einen rund vierfach erhöhten Haushalt. Dazu kamen steigende Arbeitslosenzahlen – all dies Schreckgespenster, die an Weimar erinnerten und doch weit von der Realität Weimars entfernt blieben.

2.1 Vergleichbare Startbedingungen: 1918 und 1945

Eine erste Ähnlichkeit der beiden letzten Generationen des hysterischen Jahrhunderts besteht zunächst darin, dass beide jeweils unter dem Trauma eines verlorenen Weltkrieges litten, in den die jeweilige Elterngeneration mehr oder weniger begeistert, überzeugt oder zumindest folgsam gezogen war. Das Ende wies wiederum Verwandtschaften auf: November 1918 für die einen und Mai 1945 für die anderen: Beide Nachfolgegenerationen waren zutiefst geprägt von einem dramatischen Gefühl des *Nie Wieder!*

Im Einzelnen hatten sich einige Umstände geradezu auf tragische Weise wiederholt: Niederlage, Kapitulation und plötzlicher Verlust eines bis dahin überaus dominanten Staatsoberhauptes, Bruch des engen Bundes mit Österreich, Veränderung der geographischen Gestalt des Landes, Zuweisung der alleinigen Kriegsschuld durch die internationale Gemeinschaft, Anklage und Nachweis von bis *dato* unerhörten und sogar unvorstellbaren Kriegsverbrechen, Besatzung, Entwaffnung; als demütigend empfundene Siegerkonferenzen, Zusammenbruch der bisherigen sozial-politischen Werte, wirtschaftliche Unsicherheit und erst langsam einsetzende, dann überaus dynamische Erholung unter teilweise massiver Tabuisierung gewisser gesellschaftlicher Fragen, die mit dem Krieg oder der Kriegsführung und der Vorkriegszeit in Verbindung standen.

Die Bilanz war in beiden Fällen verheerend für das deutsche Selbstbild: Die Isolation und Stigmatisierung Deutschlands jeweils nach Kriegsende kann in ihrer psychologischen Bedeutung für die öffentliche Meinung kaum überschätzt werden. Das *Nie wieder!* bezog sich freilich auf zweierlei: Das erste galt Versailles oder dem "Dolchstoß", der häufig auch als Verrat auf der einen Seite oder der nicht weit genug gegangen, auf der anderen Seite, empfundenen Novemberrevolution. Das zweite *Nie wieder!* galt dem Zweiten Weltkrieg, dem Krieg an sich und dem Holocaust; doch die Gemeinsamkeit besteht darin, dass in beiden Fällen die historische Last des Erlebten für das einzelne Gewissen geradezu unerträglich schwer wurde, obwohl die persönliche, die tatsächliche Schuld auch in krassem Gegensatz zur Vorstellung einer kol-

lektiven Schuld stehen konnte. Man kann sagen: Der allgemeine zeitgeschichtliche Druck war zu hoch für eine Gesundung der einzelnen Zeitgenossen.
Das einzige Ventil, das wirklich zu funktionieren versprach, lag darin, das als verantwortlich betrachtete "System" insgesamt abzulehnen. Die Spannungen entluden sich dann, in Weimar wie in Bonn, zunächst nach innen, und es bestehen erneut deutliche Parallelen in der Art und Weise, wie das geschah.
Carl Zuckmayer, selbst ein studentischer Veteran der Revolution von 1918, der 1967 an der Universität Heidelberg einen Vortrag hielt, zeigte sich in seinen Worten "von tiefer Sorge betroffen, dass sich die Vorgänge nun in anderer Form und mit anderen Zielen wiederholen könnten", was ihm den Spott des Philosophen Habermas einbrachte, der in den Unruhen nichts anderes sah als Scheingefechte und *Scheinrevolutionen*, denen jede reale Basis fehlte. Man kann die Unruhen jedoch auch als Versuche der Befreiung von der Geschichte der eigenen Nation begreifen, wobei ein zentrales Instrument darin bestand, andere Teile eben dieser Nation zu beschuldigen und für die Katastrophen verantwortlich zu machen. Dies geschah politisch gesprochen aus allen Richtungen in alle Richtungen. Diese Kultur des Beschuldigens verstärkte die Krisen und die Hysterie noch weiter.

In beiden Fällen, 1918 und 1945, hatte sich Deutschlands Gestalt nach einem Weltkrieg stark gewandelt. Deutschland hatte sowohl 1918 als auch 1945 eine bis dahin zentrale, theatralisch überhöhte, von Minderwertigkeitsgefühlen geplagte, neurotische und von der restlichen Welt wenig geliebte Führerpersönlichkeit verloren, der viele Deutsche buchstäblich bis in den Tod zu folgen bereit gewesen waren. Mit dem Ende des Krieges und dem persönlichen Verschwinden dieser Figuren ins Exil oder in den Selbstmord verschwand auch der größte Teil der entsprechenden Gesellschafts- und Herrschaftssymbolik. Dies fand auf fast allen Ebenen statt. Bis auf wenige Ausnahmen, wie etwa, in gewisser Hinsicht, der Exil-SPD, musste daher von fast jeder gesellschaftlichen Gruppe eine neue politisch-gesellschaftliche Identität definiert werden. Natürlich betraf der Bruch der gesellschaftlichen Identität nicht nur die Jugend, sondern die gesamte deutsche Bevölkerung.
Sebastian Haffner hat in seiner Autobiographie sehr eindrucksvoll über diese Prägung berichtet und dargestellt, wie sich viele Teile der Jugend durch den Ausgang des Krieges von 1918 von der sie umgebenden Gesellschaft ganz allgemein verraten fühlten, so dass generationenübergreifende Bindungen leicht verloren gehen konnten, dass die Gegenwart als ein Erbe aufgefasst wurde, unter dem man litt, das man aber

auch nicht verweigern konnte. Diese Konstellation sorgte für ungeheuren Sprengstoff – zweimal hintereinander.

Der *Versailler Vertrag* hatte verheerende Folgen auf die nationale Befindlichkeit der Deutschen. Nach dem Zweiten Weltkrieg ereilte die Deutschen ein weiterer Schock, der noch tiefer ging, so tief in der Tat, dass er das Trauma von Versailles im Bewusstsein der Öffentlichkeit weit überdeckte.
In Deutschland spielt das Andenken an die Zeit zwischen 1914 und 1918 bezeichnenderweise eine wesentlich geringere Rolle als in fast allen anderen europäischen Ländern. Dieser Umstand ist aufschlussreich für die These vom *hysterischen Jahrhundert*.
Für die jeweils nachwachsenden Generationen entstand das natürliche Bedürfnis, die Lebenslügen der jeweiligen Elterngeneration, die zu diesen Katastrophen geführt hatten, zu zerstören, um selbst eine Chance auf Gesundung zu erhalten. Dabei konnten sie sich jedoch nicht von den hysterischen Verhaltensweisen lösen, die zu tief in der Gesellschaft und in ihnen selbst verankert waren. Die Maxime lautete auf radikale Ablehnung jeglicher Verantwortung und Zugehörigkeit zu einer Kultur, die dergleichen nicht nur zugelassen, sondern aktiv herbeigeführt hatte. Diese Absage richtete sich nach 1945 in erster Linie an die übermächtige Gravitation der integrativen Adenauergesellschaft, die mehrheitlich eher bereit war, ehemalige Nazis in entscheidenden Positionen zu dulden, als darüber einen harten, lang anhaltenden öffentlichen Diskurs zu führen. Denn genau diese inneren Kämpfe, diese Spaltungen waren es ja, die in den Augen der älteren Generation den Untergang Weimars bewirkt hatten. Aus den Fehlern von Weimar zu lernen, hieß für weite Teile der jungen Bundesrepublik auch, über diese Fehler gar nicht erst zu debattieren.

Ebenso wie die jugendlichen Radikalen der Zwischenkriegszeit waren auch die ideologisierten Teile der "68er" von der Gewissheit erfüllt, dass die gegenwärtige Staatsform, Weimar, beziehungsweise Bonn, geführt von einer "Verbrechergeneration", hoffnungslos verfehlt strukturiert sei, dass externe Machtfaktoren (der Versailler Vertrag, die Freimaurer, die Juden und die amerikanischen Kapitalisten und Imperialisten in der ersten Hälfte, bzw. in der zweiten Hälfte, die alten Nazis, der Faschismus, die autoritären Strukturen der Gesellschaft, die man überall sah, die amerikanischen Kapitalisten und Imperialisten und Geheimdienste, die Springerpresse...) die eigene

Existenz in einem so unerträglichen Maße bedrohe, dass nur radikale Abwehrmaßnahmen Erfolg versprachen. In beiden Fällen erfolgte eine Eruption.
Was bereits um 1914 als Parole gegolten hatte, trat in beiden Nachkriegszeiten erneut zu Tage, nämlich die Vorstellung, dass man "eingekreist" sei und sich in Gefahr befinde, von übermächtigen Nachbarn oder inneren Feinden bedroht zu werden. Die *Welt von Feinden*, die Wilhelm II. in seinem Aufruf "an das deutsche Volk" am 6. 8. 1914 beschworen hatte, lebte im nationalen Bewusstsein nach 1918 weiter fort, überlebte die Weimarer Republik und das Dritte Reich, erlebte eine Blüte in der Zeit der Friedensbewegung und kam erst zu einem Ende, als die letzte Generation, die bereit oder sozusagen dazu verdammt war, in solchen Kategorien zu denken, sich beruhigte und ihre Hysterie abzulegen versuchte – nämlich heute, über zwanzig Jahre nach 1989.
Das verbindende Element über die hysterischen Generationen hinweg ist die Vorstellung deutscher Neutralität oder Bündnislosigkeit, mit oder ohne Waffen, mit oder ohne Vormachtsrolle, also die Fortführung eines Sonderwegs jenseits der Einbindung in den Rest Europas.
Hier spielt die Friedensbewegung der Achtziger Jahre eine durchaus tragende Rolle, wie nicht zuletzt deren kritische Rezeption auch im westlichen Ausland beweist. Die Forderung der deutschen Friedensbewegung, die Bundesrepublik solle aus der NATO austreten, die DDR aus dem Warschauer Pakt, um gemeinsam eine neutrale Zone zu bilden, mit oder ohne Polen, Österreich und anderen, weist deutliche ideengeschichtliche Parallelen zur Kriegszielpolitik des Ersten Weltkrieges auf, wenn auch mit anderen Vorzeichen. Hier haben wir es mit einem Fall von Gegensätzen zu tun, die dennoch der gleichen Kategorie zuzuordnen sind.
Auch damals sah man Deutschlands Zukunft von Westeuropa gelöst als eigenständiges Konstrukt in der Mitte des europäischen Kontinents zwischen Frankreich und Russland, von beiden kulturell, ökonomisch und militärisch gleich weit entfernt und beiden irgendwie moralisch überlegen. Diese Denkschule der Äquidistanz hat eine fraktionsübergreifende, lange Tradition in der deutschen Geistesgeschichte, wie Alexander Gallus in seiner Dissertation über "Die Neutralisten" überzeugend nachweisen konnte.
Unter der Leitung von Petra Kelly, Gert Bastian und Martin Niemöller entstand im Zuge dieser Tendenzen ein "Dokument der Sorge" über die Eskalation nicht zuletzt auch des technischen Fortschrittes der Waffentechnologie. Der so genannte "Krefel-

der Appell"[12] wurde im Verlauf der nächsten anderthalb Jahre von über 3 Mio. Bundesbürgern unterzeichnet. Es gibt vermutlich wenige andere Zeitpunkte in der bundesdeutschen Geschichte, zu denen die öffentlich diskutieren Inhalte in einem derartigen Widerspruch zur offiziellen Staatsräson standen, wie sie damals von der Regierung und Opposition vertreten wurden. Klaus Harpprecht hat 1982 das Grundgefühl der Friedensbewegung entsprechend auf den Punkt gebracht:

> *Die Generalstäbe haben für jede Möglichkeit präpariert zu sein: so war das immer. Die Regierenden aber sollten keinen Augenblick vergessen, was das Volk ohnedies weiß: dass wir alle in West und Ost mit dem Rücken zur Wand stehen.*

Die Sorge war berechtigt: Beide Weltkriege hatten eine derartige Vernichtungsgewalt durch neue Technologien und Strategien bewiesen, dass sich das Verständnis dessen, was Krieg sei, innerhalb eines halben Jahrhunderts mindestens zweimal radikal wandeln musste. Im Ersten Weltkrieg waren dies unter anderem U-Boot, Panzer und Giftgas, im Zweiten Flugzeugträger, Raketen und die Atombombe gewesen, die ein erneutes Umdenken nötig gemacht hatten. Dazu kamen Kriegsverbrechen in ungeahnter Grausamkeit, nicht zuletzt auf der Grundlage eben jener technischen Fortschritte.

Für ein Land wie Deutschland, seit jeher Durchgangsgebiet der europäischen Kriege, war jede technologische Neuerung von Kriegswaffen in ganz besonderem Maße eine Bedrohung, gerade, wenn unmittelbare Nachbarn über diese Mittel verfügten und man selbst nicht. Bekanntlich fand im Zuge der Versailler Verträge eine massive Entwaffnung Deutschlands statt. Auch 1945 war dies der Fall, diesmal noch vollständiger, wesentlich umfangreicher und gründlicher, und ebenfalls nicht von sehr langer Dauer.

Das Ausland, vor allem Frankreich und Großbritannien, nahm die Bestrebungen der deutschen Friedensbewegung besorgt als eine Neuauflage des deutschen Sonderwegs wahr, als nationalistisch, nicht als pazifistisch, als den Versuch der Abkopplung vom Westen und als Abschied von gemeinsamen staatspolitischen Werten. Die eigentliche Motivation des *Nie Wieder!* fand im Ausland viel weniger Glauben als man in

[12] Hüllen, Rudolf van: Der Krefelder Appell in: Jürgen Maruhn und Manfred Wilke (Hrsg.): Raketenpoker um Europa. Das sowjetische SS 20-Abenteuer und die Friedensbewegung. Bayerische Landeszentrale für politische Bildung, München, S. 216-253

Deutschland gerne annahm. In Paris und London, aber auch in den anderen Hauptstädten, fragte man sich viel eher, ob man den Deutschen als Volk trauen könne oder nicht, und wie man sich am besten vor neuen deutschen Sonderwegen würde schützen können. Die moralischen Skrupel der Jugend in Bezug auf die deutsche Wiederbewaffnung spielten eine merklich untergeordnete Rolle, wenn es um die Angst vor einem neuen Krieg mit Deutschland ging. Vielmehr muss man feststellen, dass die deutsche Friedensbewegung auf außenpolitischer Ebene, aus der Perspektive des Auslandes, als destabilisierender Faktor betrachtet wurde, als wenig erfreuliche Variable innerhalb der westlichen Bündnissysteme und als Traditionsträgerin deutscher Sonderwegsgedanken, mithin als eine weitere wilde Kanone an Deck.

Es lohnt sich gleichermaßen, nach Osten zu blicken, und über den speziellen Reiz, den Russland seit jeher auf Deutschland ausgeübt hat, zu spekulieren. Die Sowjetunion stellte in beiden Nachkriegszeiten für weite Teile der deutschen Bevölkerung eine erhebliche Faszination dar - als Vorbild und Schreckbild zugleich. Dies betrifft ebenso das Land wie seine Führerpersönlichkeiten und die Gesellschaftsentwürfe vergangener Zeiten: die Zarinnen und Zaren als Erzfeinde oder Hoffnungsträger zur Zeit Friedrichs des Großen und ebenso während der Befreiungskriege gegen Napoleon, später Lenin und Stalin, die in manchen Kreisen geradezu den Status von Heiligen innehatten, genau wie die ermordeten Romanows, sodann Michail Gorbatschow, ein weiterer, tief verehrter "Erlöser" für deutsche Massen. Zu nennen sind auch die russische Autokratie, die spezifisch russische Form des Sozialismus oder des Stalinismus, die schiere Größe und der potentielle Reichtum des Landes, die Militärgewalt und später wieder die Dynamik der Reformpolitik von *Glasnost und Perestroika.*
Man darf auch nicht vergessen, dass Russland über viele Generationen hinweg, seit der frühen Neuzeit, ein wichtiges Ziel deutscher Auswanderungen und Kolonialisierungsbewegungen gewesen ist. Die Faszination ist nicht nur als ideengeschichtliche Konstante für das Verständnis der neueren und neuesten deutschen Geschichte bemerkenswert, sondern auch für das Verständnis antiamerikanischer Ressentiments von deutscher Seite aus. Viele Generationen sahen in Russland eben nicht nur eine Bedrohung, wie zur Zeit des Kalten Krieges, sondern auch eine Versicherung gegenüber den vermeintlichen Gefahren, die aus dem Westen drohten, etwa in Gestalt eines Napoleon Bonaparte oder auch in Gestalt des angloamerikanischen Kapitalismus, der Amerikanisierung von Sprache und Kultur. Gleichzeitig dazu bestand immer eine tief sitzende und berechtigte Angst vor den "mongolischen Horden", den Reiterkosaken,

dem "Iwan", wenn sie tatsächlich einmal im Zuge eines Krieges ins Land kamen. Zwischen diesen beiden Polen, Angst und Erlösungshoffnung, spielt sich das deutsche Verhältnis zu Russland geistesgeschichtlich ab. Auch im Fall der "68er" ist das festzustellen.
An dieser Stelle mündet die Vorgeschichte bereits in die tiefer gehenden Gemeinsamkeiten der beiden letzten hysterischen Generationen, nämlich in die aktive Suche nach einer besseren Gesellschaftsform, die in beiden Fällen in einer undeutlichen Idealform des Sozialismus gesehen wurde und nicht zuletzt im Vorbild Russlands oder der Sowjetunion.

Die Geschichte der deutschen Radikalen verschiedener Couleur in Bezug auf seine Russlandbilder ist noch nicht in befriedigendem Umfang geschrieben worden. Textkritische Studien zu Flugblättern und Positionspapieren werden die Affinitäten empirisch nachweisen und zeigen, dass die Neubewertung der Sowjetunion, beziehungsweise die Relativierung ihrer Rolle ein wesentliches Instrument bei dem Konflikt der Generationen war, wie er 1968 stattfand, und dass darin Parallelen zu den Weimarer Radikalen von links und rechts zu entdecken sind, die ebenfalls nach Russland schauten, um sich inspirieren zu lassen.
Natürlich waren die Vorstellungen von Kommunisten, Spartakisten, radikalen Sozialisten, oder Völkischen, Rassisten, von Nationalsozialisten und den zahlreichen anderen totalitären Strömungen jener Jahre überaus verschieden und je mehr man ins Detail geht, desto widersprüchlicher werden selbst die Strömungen innerhalb einer einzigen mehr oder weniger klar definierten Gruppe.
Doch im Hinblick auf den Aspekt des Kollektivs, dem der Einzelne sich zur Gänze unterzuordnen habe, dass Gleichheit mehr wert sei als Freiheit, und in dem hasserfüllten Blick auf "äußere und innere Feinde", im Hinblick auf die Verachtung des Bürgerlichen, weisen diese Ideologien allesamt signifikante Ähnlichkeiten auf. Vor allem jedoch und das ist die Gemeinsamkeit fast aller Radikalen, in einer profunden Angst vor der Welt außerhalb des eigenen Horizonts. Radikal ist in diesem Sinn derjenige, der lieber die Vernichtung eines Teils der Welt in Kauf nimmt, als sich mit der Andersartigkeit jener Bereiche zu arrangieren.

In den Augen der Radikalen handelte es sich um einen gesellschaftlichen Überlebenskampf *quasi* wagnerischen Ausmaßes, was auf sprachlicher Ebene etwa an der Vorliebe für Begriffsbildungen mit dem Wort *Welt-* aufgezeigt werden kann: Weltrevolution, Weltfrieden, Weltkrieg, Weltfinanzjudentum, Weltvietnam... alles Begriffe, die darauf hindeuten, dass in globalen Szenarien des Konflikts oder der Bedrohung gedacht wurde, sowohl bei den "68ern" als auch bei den Radikalen der Weimarer Zeit.

Das bürgerlich-liberale Weltbild hingegen ist gedanklich zumeist eher kleinräumig, selbstbezogen und von der Perspektive des "Hindurchwurstelns" geprägt, von der "Methode Monnet", von den kleinen Schritten, vom Wandel durch Annäherung, vom geduldigen Abwarten und Handeln im Kleinen.

Wer jedoch radikal sein will, muss in Kategorien tiefer und endgültiger Schnitte denken. Das verbindet den Radikalen mit dem Provokateur. Auch, wenn Teile der APO vielleicht totalitäres Gedankengut in letzter Konsequenz ablehnten, so griffen sie doch nach den Mechanismen der Diktatur, um die Elterngeneration zu treffen, die eben aus der schlimmsten Diktatur, die das Land je erlebt hatte, aufgetaucht war. Aus diesem Grund ist nicht die RAF zu nennen, wenn es um eine Kritik der "68er" geht, sondern diejenigen, für die die Studentenrevolutionäre schwärmten: Stalin, Castro, Mao und andere Gewaltherrscher sowie deren Apologeten.

Denn genau damit, mit Anklängen an ideologische Konflikte und an Weimar, war der Generationenkonflikt am effektivsten zu führen. Die Reaktion des Establishments bestärkte die protestierenden Jung-Akademiker darin, so weiterzumachen. In der Tat, sie machten so lange so weiter, dass aus der Provokation echter Inhalt wurde.

Die deutsche "68er-Bewegung" ist ohne die Angst der deutschen Bevölkerungsmehrheit vor Ideologie, Schuldgefühl, Zerstörung, Diktatur, und Chaos zweier verlorener Kriege nicht zu verstehen. Das war die Wunde, in die das Salz gestreut werden konnte.

Aus diesem Grund ist die deutsche "68er-Bewegung" von dem ähnlich oder sogar gleich benannten Phänomen in Paris, Prag oder Kalifornien differenziert zu betrachten: Dubcek etwa war kein "68er" im deutschen Sinn, sondern ein Vertreter dessen, was Milan Kundera den "gekidnappten Westen" genannt hat, also ein Teil des Abendlandes, der gegen seinen Willen unter sowjetische Vormacht geraten war, und der versuchte, die Ideale und Werte des liberalen Bürgertums durch die Zeit der stalinistischen Unterdrückung zu retten: *Geographisch in der Mitte, politisch im Osten und kulturell im Westen,* so sahen die östlichen Mitteleuropäer ihre Identität. Weiter entfernt vom Weltbild der bundesdeutschen APO konnte das überhaupt nicht sein. Im Jahr 1989 trat für Deutschland dieser Umstand dann erneut deutlich zutage, als der

Warschauer Pakt zusammenbrach: Was für die Bürgerrechtler von Prag, Danzig und Leipzig ein Aufatmen der Befreiung wurde, gestaltete sich für viele "Alt-68er" zu einer Rechtfertigungskrise.
Das gleiche gilt für die "68er-Bewegung" in den USA, die durch die *Black-Panther*, die Deserteure der Streitkräfte, den Konflikt zwischen Küste und Binnenland geprägt war. Senator McCarthy war nicht mit Bundeskanzler Adenauer zu vergleichen, weder was seine Überzeugungen noch was die Legitimität seines Handelns betraf; es gab kein Tribunal für undeutsche Aktivitäten in der Bundesrepublik; Malcom X war kein Rudi Dutschke.
Um es biologisch auszudrücken: Was die gleiche ökologische Nische besetzt, wird oftmals, rein äußerlich betrachtet, gewisse Ähnlichkeiten der Gestalt aufweisen, wenn die Nische diese Form begünstigt. Doch einen gemeinsamen evolutionären Ursprung darf man daraus nicht ableiten. Das gleiche betrifft die Ideengeschichte: Protestbewegungen neigen zu ähnlichen Erscheinungsformen, vor allem, wenn sie in gleichen historischen Epochen auftreten, doch ist es nicht gerechtfertigt, daraus allein auch auf eine gemeinsame ideengeschichtliche Wurzel zu schließen. Für die radikalen Vertreter der deutschen "68er" standen im Wesentlichen vier Wege des Widerstands gegen das von ihnen gehasste System und die Generation der Eltern offen:

Erstens der "lange Marsch", ein von Mao geprägter Ausdruck für anhaltenden und gnadenlosen Guerillakampf in den Provinzen Chinas, wobei sich die Aktivisten als "Partisanen" im feindlichen System betätigen sollten, um es zu zerstören, *nota bene*, nicht um es zu verbessern, wie es der deutsche "Mythos von 1968" will. Der tatsächliche, historische "Lange Marsch" Mao Zedongs war letztlich wenig mehr als ein jahrelanges Rückzugsgefecht, das dazu diente, sich der militärischen Überlegenheit Chiang Kai Cheks zu entziehen. Gerade aufgrund der enorm hohen Todeszahlen unter den Kommunisten konnte der *Lange Marsch* zu einem zentralen Opfer- und Heldenmythos der chinesischen KP stilisiert werden. Der Gehalt dieses Bildes vom Langen Marsch war auf deutsche Verhältnisse in keiner Weise übertragbar, woraus sich die zunehmend positive Besetzung erklärt, die der Begriff erfuhr.
Zweitens: Agitatoren sollten mittels Basisgruppen in Betrieben und Schulen das "Bewusstsein der Massen" formen und mobilisieren, sozusagen den Kampf an der Heimatfront führen. Die Besessenheit von der Idee, andere Menschen aufklären, formen, erziehen und sie "mobilisieren" zu müssen, ist immer ein Kennzeichen der

Selbstüberschätzung und der Intoleranz. Dass die "68er" sich später massenhaft der Pädagogik zuwandten, ist daher sicherlich kein Zufall.
Drittens sollte eine positive Gegenwelt errichtet werden, in der die Alternativen zum Bestehenden besonders offensichtlich präsentiert werden konnten und mittels derer die Aktivisten noch weiter in die Bewegung integriert werden sollten, beziehungsweise von ihrem früheren Leben entfremdet werden konnten: Wohngemeinschaften und Kommunen sind hier die zentralen Stichworte aber auch die Schaffung von Biotopen und Reservaten, etwa Redaktionen und anderen thematisch arbeitenden Gruppen einer "alternativen Szene".
Viertens sollte durch direkte Aktionen eine möglichst große öffentliche Aufmerksamkeit erreicht werden, die bürgerlichen Beobachter verängstigt und verunsichert werden, um eine allgemeine revolutionäre Stimmung zu begünstigen. Dabei wurde Gewalt gegen Sachen zumeist ausdrücklich in Kauf genommen und Gewalt gegenüber Personen zumindest verbalisiert und damit direkt oder indirekt angedroht, später auch teilweise umgesetzt.

Diese Beschreibung in vier Punkten trifft auf die Aktivitäten jeder untergrundartigen Revolutionsbewegung zu, aber nicht auf die Pfadfinder, die Bündische Jugend, auf kirchliche Jugendclubs und auch nicht auf den Wandervogel und Studentenverbindungen, Bürgerrechtler und Künstlervereinigungen mit subversiven Idealen.
Durch die Einführung eines neuen Jargons, der rassistische oder alt-stalinistische Begriffe mit soziologisch-psychologisch-marxistischen vertauschte, entstand der Eindruck, dass es sich bei der Kritik der "68er" um eine völlig neue Einstellung gegenüber gesellschaftlichen Normen gehandelt habe. Doch das ist nur ein Teil des *Mythos.*
Es ist auffällig, wie häufig in Publikationen der "68er-Zeit" Schriften zitiert wurden, die bereits in der Weimarer Zeit zugänglich gewesen waren: Lenin, Luxemburg, Trotzki, Stalin, Marx und andere – der geistesgeschichtliche Rückgriff der Studentenbewegungen auf die Vorkriegszeit ist allgegenwärtig. Humanistische, Pazifistische und positive Vorbilder wie Mahatma Gandhi, Albert Schweitzer und andere waren durchaus vorhanden, doch die "68er" entschieden sich für einen anderen Weg und folgten den Fußstapfen der Weimarer Radikalen. Denn mit Gandhi war das Establishment der Adenauerzeit nicht zu schockieren.
Mit Pazifismus war eine ältere Generation nicht zu konfrontieren, die ein gutes Dutzend Jahre zuvor, um 1955 selber gegen die Wiederbewaffnung in Deutschland de-

monstriert hatte, als die späteren "68er" der Jahrgänge 1945 bis 1948 noch Schulkinder waren.

Die "68er", so kritisch-intellektuell, aufmüpfig sie auch immer gewesen sein wollen, waren durchaus blind gegenüber der Kontinuität der geistigen Strukturen, derer sie sich selbst bedienten, und so mussten sie die Tatsache ignorieren, dass sie keinen Gegenentwurf erstellten, sondern vieles von dem einfach weiterführten, was sie vorgeblich ablehnten: Schwärmerei für Diktaturen und Diktatoren, permanente Kampfansagen und das hysterische Denken in globalen Auseinandersetzungen zwischen Gut und Böse. Dies ist die Tragik vieler 68er-Biographien bis heute.

2.2 Äußerliche Gemeinsamkeiten: Auftreten und Jargon

Die Nachkriegs-Generationen von 1918 und 1945 wuchsen jeweils in einer Zeit auf, in der radikal neue Wege in Design und Form eröffnet wurden:

Kleidung, Möbel, Musik... es gibt wenige Bereiche, die in den Zwanziger Jahren von tabuloser Veränderung verschont geblieben wären, wobei das bewusste Abschaffen des Alten mindestens ebenso wichtig war, wie die Einführung neuer Formen. Das Bauhaus griff am nachhaltigsten in das ein, was fast ein Jahrhundert hindurch als Norm des guten Geschmacks gegolten hatte. Es entstand ein neuer Begriff von sachlicher Modernität, der selbst diejenigen berührte und ergriff, die sich dem Neuen eher verweigerten. Die Zeit, in der eine gesamte Gesellschaft den Idealen höfisch-aristokratischer oder imperialer Formgebung, oder was man dafür hielt, nacheiferte, war vorbei. Es sind vielleicht die bräunlich-grauen Schwarzweißaufnahmen, die alten Photographien, die uns den Blick auf diese Zeit verstellen, doch tatsächlich waren die Zwanziger Jahre kaum weniger bunt und schrill als die Sechziger Jahre, als sich die Farbfotographie so weit durchgesetzt hatte, dass diese Jahre auch den Nachgeborenen als bunt erscheinen. Es waren mit Sicherheit nicht die ersten bunten Jahre in der deutschen Geschichte.

Durch das Aufbrechen von alten Strukturen in Geschmack und Design hatte sich bereits in den Zwanziger Jahren eine umfassende Öffnung eingestellt, die es dem Einzelnen erlaubte, sich selbst aus Versatzstücken praktisch aller Richtungen zu bedienen. Impressionismus, Dadaismus, Expressionismus, Sezessionen, Theater, Film, Bühne und Radio, Altes und Neues fielen zeitlich und räumlich stürmisch zusammen, vor allem in den Metropolen. Wenn das Diktum von der *Gleichzeitigkeit des Un-*

gleichzeitigen die Postmoderne beschreibt, so liegen deren Anfänge unter anderem in den Zwanziger Jahren.
Auch die Radikalen der Weimarer Zeit bedienten sich dieser Kulturtechnik, indem sie Altes und Neues fast völlig beliebig verbanden und dadurch neue Stilrichtungen herstellten. Der Sinn bestand darin, sowohl Traditionalisten als auch Revolutionäre und Modernisten zu integrieren und durch die entstehende neue Ästhetik Macht zu demonstrieren: Uniformteile oder neue Typen von Uniformen, Fahnen und Transparente, Einheitsfrisuren, symbolische Farbgebung und militantes, geschlossenes Auftreten, der, wie Lucie Varga es nannte, "Erlebnisgruppen", nach außen in den Städten oder auf dem Land.

Wie war es in den späten Sechziger Jahren? Bekanntlich hatten etwa die Mitglieder der Kommune 1 eine Vorliebe für Armeemäntel, Schmuck, lange Haare als Einheitsfrisur und Mao-Anzüge; der Armee-Parka war bis weit in die Siebziger Jahre ein verbreitetes Kleidungsstück, das interessanterweise auch in Kindergrößen erhältlich war. Der damals beliebte und für viele Umstände gebrauchte Begriff "militant" bedeutet im Grunde nichts anderes als "soldatisch", und dieser Umstand verdient eine nähere Betrachtung: Die Art, in der sich viele Vertreter der "68er" kleideten, kann man mit Blick auf die Geschichte der Bekleidungen als "Räuberzivil" bezeichnen, als eine Kombination von soldatischen und "freien" Elementen. Dieses Phänomen ist uralt und kann schon bei den Landsknechten des Dreißigjährigen Krieges beobachtet werden, bei den irregulären Studentenkorps der Befreiungskriege, bei den demobilisierten Truppen, die aus dem Ersten Weltkrieg zurückkehrten und auch bei den Freikorps. Eine Gemeinsamkeit dieser Gruppen lag nicht zuletzt darin, dass sie alle in der Gewissheit standen, soeben *die letzten Tage der Menschheit*, den *Untergang des Abendlandes* oder zumindest ihrer spezifischen Kultur oder ihres eigenen Daseins zu erleben.
Zu den zahlreichen Mythen der "68er-Zeit" gehört die Sage, dass diese Jahre eine Epoche der allgemeinen Befreiung und der Toleranz gewesen seien, der Emanzipation von Althergebrachtem oder dem Ende des *Muffs von Tausend Jahren.* Doch zeitgleich mit den Befreiungsversuchen belebten sie alte Zwänge wieder, und sie betrafen in genau demselben Maß auch Äußerlichkeiten wie abzulehnende, weil als spießig empfundene Kleidung, beziehungsweise Bevorzugung solcher Kleidung, wie man sie als ordentlicher Revolutionär dieser oder jener Richtung zu tragen habe. Auch aus einer Kommune konnte man schließlich hinausgeworfen werden. Dieter Kunzelmann

spricht in seiner Publikation "Leisten Sie keinen Widerstand!" ironisch von *zahlreichen psycho-terroristischen K1-Gesetzen*, die sich auf Kleinigkeiten bezogen, wie die Frage, wer "den nächsten Joint zu drehen" habe, doch wahrscheinlich muss man diese Formulierung viel weiter gefasst begreifen als sie zunächst erscheint, ebenso als ernster gemeint und demaskierender.

Die wiederholte Behauptung der Befreiung *ex post* ist kein Beweis für die Existenz der Freiheit zum damaligen Zeitpunkt. Wer nicht passte oder sich nicht anpasste, wurde mit verkehrten Vorzeichen wahrscheinlich nicht viel anders behandelt als auf der anderen Seite, der Seite der "Spießer", diejenigen, die darüber sprachen, den Wehrdienst zu verweigern. Wer das Private nicht als politisch sehen wollte, sondern eben als privat, konnte nicht mit der Nachsicht der Antiautoritären rechnen. Kleidung und Frisur waren ernst gemeinte politische Aussagen im Kleinen und Sanktionen drohten dem, der sich dem Druck der Gruppe nicht beugte.
Die entsprechenden Auseinandersetzungen wurden in vergleichbarer Lautstärke geführt, wie in den "Spießerfamilien" die Streitereien über zu lange Haare. Die "68er" beherrschten die Instrumente der Intoleranz ebenso gut wie jede andere Generation auch, und sie setzten sie genauso gekonnt und rücksichtslos ein. Man kann sich fragen: Wie wäre ein Kommunenmitglied beurteilt worden, das früh kirchlich geheiratet, von Kindern, Ausbildung, Rentenversicherung geschwärmt und einen Bausparvertrag unterschrieben hätte? Was wäre über ihn oder sie gesagt worden, wenn er die Elterngeneration oder irgendwelche anderen Autoritäten oder Institutionen in Schutz genommen hätte oder sich freiwillig bei der Bundeswehr verpflichtet hätte? Wie ging man mit den differenzierenden Argumenten derer um, die nicht zur Radikalität bereit waren? Die These, dass das Private politisch sei oder zu sein habe ist ein wesentliches Element der Intoleranz, weil sie intime Aspekte des Lebens vor das ideologische Tribunal der Gesinnungsgenossen zerrt und beständige Rechenschaft und Selbstkritik einfordert. Dies verbindet die radikalen "68er" mit den Exzessen der Zwischenkriegszeit und trennt sie von heutigen gesellschaftlichen Gepflogenheiten.

Eine weitere zentrale Gemeinsamkeit der radikalen Teile der zwei Generationen der Jahrhundertmitte besteht mit Blick auf die Äußerlichkeiten auch darin, dass beide Kosmetik und Dinge der Schönheitspflege im weitesten Sinn als dekadent oder spießig ablehnten. Zwar waren wiederum die Motivationen verschieden, die Argumente sicher nicht deckungsgleich, aber im Ergebnis standen sie sich nahe: Kein Parfüm, minimale Körperpflege, Verachtung der kommerziellen Moden und Betonung dessen, was man als das Natürliche empfand. In beiden Fällen waren die jeweils vorangegangenen Dekaden sehr modebetont gewesen. Die Fünfziger Jahre hatten einen unvergleichlichen Aufschwung an Kosmetik-Artikeln erlebt, an Modeartikeln, Dauerwelle, Schnittmustern für Kostüme, an Versandhandel und einer neuen Vielfalt an Produkten, wie sie in den im weitesten Sinn zu Unrecht so genannten "Goldenen" Zwanziger Jahren ungefähr vergleichbar aufgetreten waren. In beiden Fällen lehnte eine nachwachsende Generation den Stil der Eltern aus einer Perspektive der Totalverweigerung heraus als dekadent ab. Der Vorwurf der Dekadenz gehört wohl zu jedem Generationenkonflikt, wobei es jedoch in der Regel nicht so ist, dass die jüngere Generation dies der älteren vorwirft. Möglicherweise liegt in der Antwort auf die Frage, in welche Richtung der Dekadenzvorwurf geäußert wird, ein wichtiger Schlüssel zum Verständnis des Charakters von Generationenkonflikten allgemein.

Das Element der intellektuellen *Bohème*, des antibürgerlichen Künstler- oder Intellektuellentypus, der sich wenig um gesellschaftliche Normen schert und in einer eigenen, besseren Welt lebt, die vielleicht nicht so luxuriös, dafür aber ehrlicher und irgendwie "höher" ist, erscheint nicht erst seit 1968, sondern tritt mindestens seit der Romantik in der europäischen Kulturgeschichte immer bevorzugt dann auf, wenn die politischen Gestaltungsmöglichkeiten außerhalb der gesellschaftlichen Elite allgemein eher pessimistisch eingeschätzt werden.

Die bürgerlichen Dropouts können durchaus verschiedene Gestalt annehmen: Dandy, künstlerischer Lebemann, armer Dichter oder Denker, Anarchist und Untergrundkämpfer – sie alle lehnen die bürgerliche Welt als zu eng ab. Züge aller dieser Phänotypen lassen sich in jeder Protestbewegung der Moderne nachweisen. Bohème an sich ist ja kein Inhalt, kein eigener Wert, sondern eine gesellschaftliche Überlebens-Methode oder eine Daseinsart, und es gehört zu den insgesamt (vielleicht zu recht) wenig beachteten Tatsachen, dass auch Hitler, Röhm und Goebbels, dass auch Marx, Lenin und Rosa Luxemburg, Trotzki, Guevara und Mao sich dieser Lebensweise mehr oder weniger lange verpflichtet fühlten und darin ihre Zukunft sahen, weit abseits von den engen Normen von Haus und Herd. Sie alle sahen sich ferner berufen, für Volksbefreiung in einem historischen Sinn zu kämpfen, und sie taten es jeweils mit verschiedenen Mitteln doch aus der gleichen ideengeschichtlichen Tradition heraus: Lockerung der Sexualmoral, Emanzipation der Unterdrückten, Kampf gegen die plutokratischen, ausbeuterischen Kapitalisten und kriegstreibenden Weltfeinden, etc. Ihre respektiven Anhänger eiferten diesem Vorbild nach.

Es ist nur eine Fußnote zur Geschichte der "68er", aber sie sei exemplarisch erwähnt: Gretchen Dutschkes Erinnerungen tragen den Titel "Wir hatten ein barbarisches, schönes Leben"[13]. Nun ist dieses Wort "barbarisch" in der deutschen Geistesgeschichte nicht so unproblematisch, wie es zunächst erscheint. Denn der Barbar als Symbol tritt häufig im Zusammenhang mit sozialrevolutionären Vorstellungen auf - und das bereits seit vielen Jahrhunderten.

Der Barbar bedeutet immer mindestens zweierlei, urwüchsige, unverdorbene Kraft auf der einen Seite und Zerstörung urbaner Zivilisation, insbesondere Roms, auf der anderen – und als dieses Symbol taucht er bei Luther, Karl May, Nietzsche, bei Wagner ebenso auf wie bei den späteren völkischen Theoretikern, die den "deutschen Mann" unmissverständlich dazu aufforderten, zu einem modernen Barbaren zu werden, "unverfälscht" durch die Verweichlichungen der Zivilisation.

Die kulturgeschichtliche "Aufgabe" des Barbaren, der immer auch Heide ist, besteht darin, die noch bestehende aber schon absterbende dekadente Zivilisation von außen kommend zu vernichten und durch etwas Gesundes, Frisches, durch echte Kultur zu ersetzen, die nicht dekadent, nicht träge und nicht durch Vermischung entartet ist. Die "Aufgabe" der städtischen Zivilisation ist es dagegen, sich vor dem Barbar zu fürchten und ihn dennoch insgeheim zu bewundern und das eigene Chaotische, das Regelverletzende innerhalb des eigenen Verbundes mit dem Etikett "barbarisch" zu schmücken – zu Unrecht. Dieses begriffsgeschichtliche Erbe macht das Wort "Barbar" im deutschen Kontext nach 1945 problematisch. Die Verbindung von "schön" und "barbarisch" in einem Satz hat in der deutschen Tradition sogar einen deutlichen Haken.

Die Wurzeln solcher Gedanken finden sich in aller Ausführlichkeit bei den "Neo-Barbaren" Houston Stewart Chamberlain, Oswald Spengler und anderen Theoretikern des Pessimismus und der Intoleranz wie zum Beispiel, extrem, Alfred Rosenberg, die in der Völkerwanderung und dem Zusammenbruch der Zivilisation Roms geradezu einen kulturgeschichtlichen Fortschritt sahen. Die ideengeschichtliche Kontinuität der Romhasser von Luther bis Rosenberg ist nicht zufällig auch eine Kontinuität der Barbarenbewunderung. Das Unbehagen an der eigenen Kultur, das Ignorieren, Verletzen oder auch Bekämpfen von bestimmten Regeln qualifiziert den abendländisch geschulten Denker noch nicht zum Barbaren, auch wenn der Begriff dem revolutionären Pathos dient.

Als wenig überzeugend in diesem Zusammenhang erweist sich daher der Erklärungsansatz, wie er von dem Literaturwissenschaftler Manfred Schneider[14] gewählt wurde, dessen umfangreiche Sammlung in der These mündet, Barbarisches sei im Grunde überall enthalten, jeder Regelverstoß sei bereits ein Aspekt des Barbarischen, mit dem Effekt, dass Fußball-Hooligans, Ernst Jünger, Beuys und Moses alle miteinander und gleichermaßen zu Barbaren erklärt werden. Schneiders Konzept scheitert daran, dass er literarische Belege und Selbstaussagen anhäuft und nicht unterscheidet zwischen dem von außen hereinbrechenden, kulturfremden Barbaren, der durch seinen Sieg über die Zivilisierten selbst dazu gezwungen wird, sich zu zivilisieren und auf der anderen Seite solchen, aus der Zivilisation selbst stammenden Regelverletzern, deren Werk ohne die sie umfangende Kultur nicht zu begreifen ist, die sich aber selbst aus politischen Gründen als Barbaren bezeichnen, um die Befreiung symbolisch zu vollziehen.

Interne Regelverletzung ist keine Barbarei, sondern in den meisten Fällen eine kulturschöpferische oder kulturvernichtende Leistung, die durch den Regelbruch die verletzte Kultur auf eine neue Stufe, rauf oder runter, hebt oder zumindest die Möglichkeit dazu eröffnet. Das zweite Missverständnis betrifft die Gewalt: Wer Gewalt anwendet ist nicht deswegen schon ein Barbar. Gewalt ist integraler Bestandteil aller Zivilisationen.

Barbaren sind indessen dadurch gekennzeichnet, dass sie der Kultur, die sie unterwerfen wollen, nicht entstammen, und sie erst nach ihrem Sieg kennen lernen, sich ihr anschließen oder auch nicht. Barbaren empfinden sich in aller Regel auch nicht selbst als Barbaren. Wie anders verhält es sich mit all jenen, die sich so bezeichnen, weil sie mitten aus einer Kultur heraus deren Untergang predigen!

Aus einer Kultur kann man nicht so einfach austreten, wie es von Sozialrevolutionären aller Couleur stets gewünscht wird. Diese zweite Gruppe sollte besser *Renegaten* genannt werden. Renegaten nützen die Instrumente der Kultur aus der sie stammen und die sie kennen, um diese Kultur zu bekämpfen, verändern oder vor ihr zu fliehen. Sie gehen als Ausbrecher im Vergleich mit den Barbaren genau in die entgegen gesetzte kulturgeschichtliche Richtung; sie fliehen die Mitte; Barbaren streben ihr zu. Wir haben es bei solchen Selbstzeugnissen wie dem erwähnten mit einem erneuten Aufscheinen des Mythos zu tun, der in unaufrichtiger Weise Bilder wählt und zu-

---

[13] Dutschke-Klotz, Gretchen: Rudi Dutschke. Wir hatten ein barbarisches, schönes Leben. Eine Biographie. München 1998.

[14] Schneider, Manfred. Der Barbar. Endzeitstimmung und Kulturrecycling. München 1997.

sammensetzt immer mit der Zielsetzung, die eigene Biographie im Nachhinein zu schönen. Fast ist man daher geneigt, den echten Barbaren gegenüber den "68ern" und den anderen Radikalen, die sich so zu bezeichnen beliebten, in Schutz zu nehmen.
Das "Barbarische" aber, wie es von Gretchen Dutschke gemeint wird, also in Wahrheit das Renegatentum, ist kein Bestandteil des bürgerlich-zivilisierten oder auch nur eines friedlichen Weltbildes, kein Element des gewaltlosen Zusammenlebens, des Kompromisses, sondern stets ein Vorbild der aus der jeweiligen Zivilisation selbst stammenden Revolutionäre, und dieses Selbstbild ist die Überschneidung der "68er" mit den anderen Radikalen des *hysterischen Jahrhunderts*.
Das Niederbrüllen, das martialische Auftreten und der Rausch der Gewalt verbindet die Radikalen der Zwischenkriegszeit mit denen der späten Sechziger Jahre. Es waren bewusste Instrumentalisierungen eines kulturellen Schockarsenals. Barbaren waren es nicht, die da demonstrierend und skandierend durch die Straßen zogen, sondern authentische Mitglieder dieser speziellen Kultur, die sich wünschten, diese eigene Kultur zu verlassen, zu vernichten oder sich doch zumindest von ihr bestmöglich zu distanzieren.
Dies betrifft nicht allein die Demonstrationszüge von 1968 mit Bauarbeiterhelmen auf dem Kopf, sondern auch das Verhalten bei Diskussionen und theoretischen Uneinigkeiten. Anklänge an die Unruhen der Weimarer Zeit wurden immer deutlicher, und darin lag gerade ihre Sprengkraft, etwa, wenn phalanxartige Aufmärsche auf Kommando die Hand zur Faust ballten und in die Luft rissen. Es handelte sich nicht direkt um einen "neuen Hitlergruß", wie es in der Tagespresse hysterisch hieß, sondern in erster Linie nur um eine politische Symbolik, die auf den Gegner Schockeffekt auszuüben vermochte – aus diesem Grund wurde sie gewählt und aus diesem Grund konnte sie sich gewissermaßen evolutionär und viral durchsetzen.
Die Parallele des Phänotyps geht weiter, denn stets wurden ähnliche schreitaugliche Schlagworte benutzt, die wie ein pathologisches Echo durch den hysterischen Teil des Zwanzigsten Jahrhunderts hallen, wie etwa "das System" in entsprechenden Komposita: "Drecks-, Schweine- oder Scheiß-System"; diese tauchen wortwörtlich in allen genannten Bewegungen des hysterischen Jahrhunderts auf, 1923 ebenso wie 1968 und ebenfalls in den Veröffentlichungen der RAF einige Jahre später.

Wenn man nun nach konkreten Aspekten des öffentlichen Auftretens fragt, etwa dem gemeinsamen Marsch mit Fahnen durch Innenstädte, ob im Gleichschritt oder untergehakt beim Springen im gleichen Takt, dem rhythmischen Rufen von Parolen oder

dem Niederbrüllen von Gegnern oder der Polizei, findet man zahlreiche äußerliche Gemeinsamkeiten.
Die heutige Generation verhält sich anders, wenn sie sich wehren will. Das Lehrerhafte, das Dozierende, das stundenlang Palavernde ist weitgehend verschwunden und auch das angeblich antiautoritäre Wirken qua *Gewissensfrage*, die *Selbstkritik*, die moralisierende Besserwisserei, das intellektuell Angedunkelte, pseudowissenschaftlich-jargonhaft, überheblich-brutal, dunkel und bedeutungsschwanger vorgetragen – das alles findet sich im modernen deutschen Umgangston kaum noch.
Die Rolle des Jargons ist für das Dritte Reich von vielen Seiten untersucht worden, etwa von Victor Klemperer, doch für die "68er-Zeit" steht diese Aufgabe noch weitgehend aus. Ein Ergebnis wird sein, dass der Jargon, wie es immer seine Aufgabe ist, auch im Fall der "68er" viel mehr dazu diente, Gruppenidentitäten zu stiften als neue Gedanken zu formulieren, dass der Jargon, wie er es immer tut, gedanklichen Fortschritt geradezu verhinderte.
Als Beispiel für diesen verqueren, pseudoakademischen und nicht zuletzt unehrlichen Jargon mag ein kurzer, vollkommen beliebig ausgewählter Auszug aus einem Referat dienen, das Rudi Dutschke 1967 bei einem Bundeskongress des SDS in Frankfurt hielt, in dem er zur Gewalt in den Städten aufrief.

> *Die "Propaganda der Schüsse" (Che Guevara) in der "Dritten Welt" muss durch die "Propaganda der Tat" in den Metropolen vervollständigt werden, welche eine Urbanisierung ruraler Guerilla-Tätigkeit geschichtlich möglich macht. Der städtische Guerillero ist der Organisator schlechthinniger Irregularität als Destruktion des Systems der repressiven Institutionen.*

Der Philosoph Karl Popper hat sich Anfang der Siebziger Jahre unter dem Titel "Wider die großen Worte" einmal die Mühe gemacht, den Slang von Adorno und Habermas in allgemeinverständliche Worte zu übersetzen, um deren mageren Gehalt bloßzustellen. Man kann ähnliches hier mit dem Ausspruch Dutschkes versuchen, um herauszufinden, welche Rolle der Jargon stets gespielt haben mag: Verdunklung von Inhalten, um die Aussagen weniger angreifbar zu machen, Abstraktion und Über-Abstraktion, um vor den Konsequenzen der Umsetzung geschützt zu sein. Berauschung an akademisch klingenden Formulierungen. Popper erklärte die Technik des Jargons folgendermaßen:

Ein anderes Kochrezept ist: Schreibe schwer verständlichen Schwulst und füge von Zeit zu Zeit Trivialitäten hinzu. Das schmeckt dem Leser, der geschmeichelt ist, in einem so "tiefen" Buch Gedanken zu finden, die er selbst schon mal gedacht hat.

Anfang der Sechziger Jahre, 1961, trafen die Positionen Adornos und Poppers im so genannten "Positivismusstreit" aufeinander. Im Grunde ging es dabei um die Frage, ob und wie Wahrheit wissenschaftlich feststellbar sei. Popper ging davon aus, dass auf endgültige Wahrheitsansprüche verzichtet werden muss, da es zum Wesen wissenschaftlicher Theorien gehöre, falsifizierbar zu sein. Wenn wissenschaftliche Erklärungen immer sozusagen einen Selbstzerstörungsknopf in sich tragen, kann es keine endgültige Sicherheit im Urteilen geben, allenfalls in der Ideologie ist das möglich, also geschlossenen Systemen der Logik, anhand derer alles beweisbar ist oder wird.

Nur durch diese ständige Selbstwiderlegung ist der Fortschritt in Technologie und Naturwissenschaft zu erklären. Geschlossene Systeme auf der anderen Seite sind zu gedanklichem Fortschritt in diesem Sinne nicht fähig, da die Richtigkeit der Grundannahmen nie ernsthaft zur Debatte steht. Zu solchen Systemen zählte Popper den Marxismus, der für sich in Anspruch nahm, wissenschaftlich zu sein, und der, genauso wie Horoskope, stets in der Lage ist, auch Gegensätzliches und Widersprüchliches unter einen Hut zu bringen, ohne dass die Frage nach der Gültigkeit der Grundannahmen gestellt würde. Adorno andererseits beharrte auf der Vorstellung, dass alle Zusammenhänge gesellschaftlich und dadurch notwendigerweise auch moralisch seien und erteilte damit dem Fortschrittsgedanken in der Wissenschaft eine Absage. Man kann sagen, dass im Rahmen dieser Auseinandersetzungen zwei grundsätzliche Denkschulen aneinander gerieten, die pragmatisch-britische Tradition des gesunden Menschenverstandes gegen die idealistisch-deutsche Tradition, die freilich in der Ausprägung Adornos eine besonders problematische Gestalt angenommen hatte.

Golo Mann schließlich bezeichnete die "kritische Theorie" als Marxismus für feine Leute, als elitäre Veranstaltung von akademischen Snobs, die sich von der breiten Bevölkerung missverstanden fühlten und fühlen wollten – und dies schon seit der Vorkriegszeit. Somit muss es nicht verwundern, dass die Studenten, die ihnen folgten, gedanklich ebenfalls wieder in der Vorkriegszeit ankamen. Die Studentenrevolte war insofern eine intellektuell rückwärtsgewandte Bewegung. Der Mythos indessen behauptet das Gegenteil.

Die verschiedenen Gruppierungen innerhalb der APO pflegten untereinander einen harten Umgangston, der uns heute in vielerlei Hinsicht an die durchaus ernst gemeinten Drohungen erinnert, wie sie in der Vorkriegszeit gegenüber politischen Gegnern ausgesprochen wurden und dann, je nach Möglichkeit auch tatsächlich verwirklicht worden sind. So ist die bereits erwähnte Auseinandersetzung zwischen den "K-Gruppen" und den "Spontis" aufschlussreich:
Mitglieder des *Kommunistischen Bundes Westdeutschland*, KBW, drohten den Sympathisanten der "Spontis" in den Siebziger Jahren mit Zwangsarbeit und Todesstrafe, wenn sie sich weiterhin weigerten, "der Arbeiterklasse" bzw. dem Klassenkampf nützlich zu sein. Gegen Daniel Cohn-Bendit persönlich wurde etwa die Drohung ausgesprochen, "durch die revolutionären Massen an den nächsten Baum befördert" zu werden. Die Alternative lautete für ihn immerhin: "Zwangsarbeit in einer Fischmehlfabrik".
Nun, beide Gruppierungen, autoritär organisierte K-Gruppen und anarchistisch-inspirierte Spontis gingen Anfang der Achtziger Jahre teilweise in der Partei der Grünen auf, wo sie schließlich diesen Ton abzulegen lernten. Dass jedoch erhebliche persönliche Altlasten zu bewältigen waren, ist leicht vorstellbar. Geistesgeschichtlich gehören solche Fälle eindeutig in die Vorkriegszeit und nicht in die verfassungsmäßige Gegenwart des Jahres 1968 in der Bundesrepublik, als es in Deutschland längst keine Todesstrafe mehr gab und die Gepflogenheiten zum Beispiel im Bundestag *solche* Äußerungen mit Sicherheit nicht zugelassen hätten. Doch aus genau diesem Grund musste die APO sich solcher Mittel der Zwischenkriegszeit bedienen, wenn sie überhaupt wahrgenommen werden wollte. Dabei ist die Frage vollkommen zweitrangig, ob diese Drohungen umgesetzt werden sollten oder nicht. Auch in der Zwischenkriegszeit hatten die Radikalen erkannt, dass in einer mediendominierten Gesellschaft die Thematisierung ebenso gut wie die Anwendung von Gewalt dazu verwendet werden kann, mediale Aufmerksamkeit zu erringen.
Bemerkenswert ist in diesem Zusammenhang das Detail, dass viele der dauerhaften und positiven, friedlichen Parolen jener Zeit zu einem großen Teil in englischer Sprache erhalten sind, wie etwa: *Flower Power! PEACE!* oder auch das berühmte *Make Love, Not War!*

Deutsche Parolen mit menschenfreundlichem oder -erzeugendem Inhalt sind nicht einmal ansatzweise so verbreitet, wie die destruktiven, brutalen und gewalttätigen. Stattdessen nahmen Begriffe wie "Liquidierung", "Zerschlagung" oder "Terror", "Schlacht" im Verlauf von 1968 und den Folgejahren ebenso wie in der Weimarer Republik zusehends eine positive Bedeutung an, nämlich in dem Umfang, wie sich die jeweiligen Bewegungen radikalisierten.

Auch die frühen Nationalsozialisten, vor allem die SA und der linke Flügel der Partei, hatten sich als Revolutionäre empfunden, nicht weniger als die Kommunisten, der Rotfrontkämpferbund oder der Spartakus; auch sie empfanden sich als Vertreter des "historisch Richtigen", als Helden der positiven geschichtlichen Kräfte, als Gestalter, die in höherem Auftrag handelten. Die Nationalsozialisten der Zwanziger Jahre orientierten sich stilistisch bekanntlich in erheblichem Umfang an Auftreten und Symbolik der extremen Linken. Auch im Hinblick auf die so empfundene Schicksalhaftigkeit der "Bewegung", auf das historisch deterministische Pathos sind Verwandtschaften zu konstatieren. Gerade dieses Bewusstsein des "Schicksalhaften" war es, das es etwa den SS-Mitgliedern später ermöglichte, nicht nur schwere persönliche Opfer in Kauf zu nehmen, sondern auch gedanklich und tatsächlich über Leichen zu gehen.

In ihren Kontrahenten sahen sie nicht den Gegner, unbequeme Mitmenschen, Dummköpfe oder Andersdenkende, sondern "den Feind", absterbende Kräfte, Schädlinge, Bazillen, Untermenschen, kurz, das Auszulöschende. Dies ist der zentrale Unterschied zwischen totalitärem und gemäßigtem Denken, und die politische Sprache verrät unfehlbar die Zugehörigkeit. Der Jargon beider Generationen, auch der gemäßigten Teile war von einer Vorstellungswelt des Endkampfes geprägt, des Kampfes nicht nur gegen bürgerliche Umgangsformen, sondern gegen das gesamte Wesen des bürgerlichen Staates; nicht gegen Menschen mit anderen Ansichten oder Absichten, sondern gegen *Scheißbullen, Drecksimperialisten, Kapitalistenschweine*.

Das Vokabular der Radikalen beider Generationen weist ebenso erstaunliche Parallelen auf, wie das Vokabular der heutigen Zeit durch die weitgehende Abwesenheit derartiger Radikalität auffällt. Viele politische Kernbegriffe, die im Gefolge der Ereignisse des Jahres 1968 in Debatten und Auseinandersetzungen auftreten, können auf eine lange Geschichte zurückblicken, die mindestens bis in die Novembertage von 1918 reicht. Das muss nicht überraschen, wenn man daran denkt, dass weite Teile des theoretischen Vokabulars der *kleinen radikalen Minderheit* aus den Werken von Marx, Engels, Lenin stammten, die bei allen Unterschieden untereinander doch

das Gemeinsame hatten, dass sie längst vergangenen Generationen angehörten und bereits die Radikalen der Zwanziger Jahre inspiriert hatten.
Ähnliches kann man dem Vokabular der "kritischen Theorie" konstatieren, das sich darüber hinaus auch teilweise auf Ideen von Sigmund Freud und dessen Nachfolgern auf dem Gebiet der Psychoanalyse bezog. Auch dieses Erbe entstammt weitgehend schon dem 19. Jahrhundert oder der Jahrhundertwende und war 1968, dreißig Jahre nach Freuds Tod, nicht mehr auf der Höhe der Zeit, insbesondere nicht nach akademischen Maßstäben.
Die Frage lautet: Wie konnte es sein, dass eine sich selbst als fortschrittlich, begreifende Bewegung von jungen Akademikern sich auf Schriften und Zukunftsprogramme berief, die teilweise weit über hundert Jahre alt waren? Die Antwort ist: Sie waren weder akademisch noch fortschrittlich oder aufklärerisch, und sie wollten und konnten es auch nicht sein in einer Gesellschaft, die sich selbst dem Fortschritt und der Nüchternheit ganz und gar verschrieben hatte.
Eine andere Lösung dieser Auffälligkeit lautet, dass man den genannten Schriften eine derart epochenübergreifende Bedeutung zumisst, so dass sie selbst nach so vielen Jahren und grundlegenden Brüchen in der Geschichte fast unverändert oder im Kern auf die Gegenwart angewendet werden können. Dies ist keine sehr überzeugende intellektuelle Grundhaltung, und wenn sie von jungen Akademikern vertreten wird, grenzt sie an geistige Selbstentmündigung.

Ferner zeichnet es die Korrespondenz von Karl Marx und Friedrich Engels (sehr im Gegensatz zu der Freuds) aus, dass die beiden Philosophen sich einer explizit gewalttätigen und arroganten Sprache bedienten, vor allem, wenn es um politische Gegner innerhalb der Arbeiterbewegung wie etwa Lasalle ging, den Marx, der selbst aus einer Rabbinerfamilie stammte, als "jüdischen Nigger"[15] bezeichnete, oder Wilhelm Liebknecht, der in den Aufzeichnungen als "Hund" oder auch "Vieh" erscheint. Gewaltvokabular ist allgegenwärtig in den Schriften von Marx und Engels. Man kann dies abtun als Slang eines intellektuell-snobistischen Paares, das sich dieser Sprache bedienen musste, um die eigene geistige Unabhängigkeit zu bewahren, als Gelehrtenaggression. Man kann es jedoch auch als Selbstdemaskierung oder Anleitung zum Handeln auffassen, die ganze Generationen von Epigonen prägte. Ebenso verhält es sich mit den Tiraden Lenins und Stalins, mit Maos Programmen oder mit den Parolen

[15] Marx an Engels, 1862 (MEW 30, 257).

eines Ernesto Guevara. Die APO eiferte diesem Stil unkritisch nach. Die Generationen des hysterischen Jahrhunderts bevorzugten das vermeintlich proletarische *Overstatement*, das in Wahrheit ein kleinbürgerliches Attribut ist. Hierin liegt vielleicht eine besondere Tragik der "68er", dass sie sich nicht von ihrem Mittelschichtsauftreten emanzipieren konnten, das sie hassten und dem sie doch unentrinnbar verbunden waren.

Man kann sich fragen, ob die Ähnlichkeit gewollt war oder nicht, erstrebt oder ererbt. Doch möglicherweise geht diese Perspektive am Kern der Sache vorbei. Protestbewegungen finden ihre Ausprägung sicher nicht allein auf intentionale Weise, sondern dadurch, dass verschiedene Ansätze des Auftretens verschieden erfolgreich sind und die Protestbewegung diejenigen Ansätze verfolgt, die bei den Auseinandersetzungen den größten Effekt versprechen. Die APO war viel zu sehr aufgesplittert in kleine und kleinste Gruppen, viel zu widersprüchlich in sich selbst, um in der Lage bewusster Formwahl zu sein. Vielmehr ist es wahrscheinlicher, dass sich der Phänotyp des typischen "68ers" erst langsam in einem Prozess des Ausprobierens entwickelte. Dabei spielte die Reaktion des gesellschaftlichen Gegners eine entscheidende Rolle; je heftiger dessen Reaktionen ausfielen, desto eher wurden die "68er" bestärkt, in dieser Weise weiterzumachen, die Erfolg versprach. Man kann auch sagen, dass die Gesellschaft der Adenauerzeit mit ihrer Furcht vor *Weimarer Verhältnissen* die spezifische 68er-Art geradezu begünstigte. Je mehr man sich von der APO als *Rote SA* bedroht sah, desto stärker wurde der Anreiz innerhalb der APO, genau dieses Schreckbild zu bedienen, um möglichst erfolgreich zu sein. Aus der totalitären Maske, die vorrangig dazu gedient hatte, die Elterngeneration zu provozieren, wurde langsam ein wahres Gesicht.

2.3 Apokalyptische Weltbilder

Man kann einmal versuchen, einen Satz zu formulieren, wie diesen: "Sie fühlten sich durch westliche Einflüsse in ihrer Identität bedroht" – und sich dann fragen, auf wen es besser zutrifft, auf die "68er" oder die Weimarer Radikalen von links und rechts. Ebenso kann man den folgenden Satz prüfen: "Sie waren der Ansicht, dass die Lösung der gesellschaftlichen Probleme nur durch einen radikalen Systemwechsel erreicht werden könne" oder noch ein letzter: "Die bürgerliche Presse galt ihnen als einer der intellektuellen Hauptfeinde". Es ist möglich, eine ganze Reihe weiterer Sätze zu formulieren, die auf beide Generationen der Jahrhundertmitte zutreffen, nicht aber auf die Generation danach. Sebastian Haffner formulierte diesen Umstand in seinen Erinnerungen[16] mit folgenden Worten:

> *Das Jahr 1923 machte Deutschland fertig – nicht speziell zum Nazismus, aber zu jedem phantastischen Abenteuer.* (...) *die kalte Tollheit, die hochfahrend hemmungslose, blinde Entschlossenheit zum Unmöglichen, um am Ende, nur durch die reine Willenskraft und Brillanz über Allem zu stehen; das Recht ist, was uns nutzt' und das Wort unmöglich gibt es nicht'. Offenbar liegen Erlebnisse dieser Art jenseits der Grenze dessen, was Völker ohne seelischen Schaden durchmachen können.*

Befragt nach der Hauptgefahr für "die Menschheit" werden heute die wenigsten Europäer damit beginnen, Namen ethnischer, sozialer oder nationaler Gruppen zu nennen, sondern vermutlich eher: Naturkatastrophen, Klimawandel und Pandemien oder Wirtschaftskrisen. Das intellektuelle und moralische Weltbild der "68er" und der Weimarer Radikalen bestand hingegen konstitutiv aus Feindbildern, die an Personen festzumachen waren – Feindbilder aus anti-amerikanischen, anti-westlichen, anti-konservativen, anti-bürgerlichen, anti-christlichen, anti-liberalen, anti-gewaltfreien, anti-parlamentarischen und nicht zuletzt auch aus anti-semitischen Bestandteilen. Im Gegensatz zu heute sah man tatsächlich Lösungswege darin, jene als feindlich empfundenen Gruppen auszuschalten, zu "liquidieren", "fertig zu machen" und sie komplett aus dem historischen Prozess zu verbannen. Dies war aus ideologischer Sicht dadurch zu rechtfertigen, dass diese Gruppen ohnehin aufgrund von geschichtlichen Gesetzmäßigkeiten zum Aussterben verurteilt waren und ihre aktive Vernichtung sozusagen nichts weiteres sein würde als ein Beitrag zur Vollendung *quasi* ewiger und ohnehin gültiger Gesetze.

Eine Sonderrolle spielen hierbei Antisemitismus und Antizionismus: Der Staat Israel diente vielen "68ern" zumeist schon deshalb als Feindbild, weil die junge Bundesrepublik sich auf höchster Regierungsebene um Versöhnung und Entschädigung bemühte, zweitens auch, weil der Staat Israel ebenso wie die Vereinigten Staaten sich in den Augen vieler "68er" so verhielt, wie es zuvor scheinbar die Nationalsozialisten getan hatten: nämlich spätestens nach dem Sechs-Tage-Krieg 1967 als *quasi* faschis-

---

[16] Haffner, Sebastian. Geschichte eines Deutschen. Die Erinnerungen 1914 – 1933. München 2000.

tischer Unterdrücker benachbarter Völker. Damit gingen die "68er" auf einer weiteren Ebene auf Konfrontationskurs mit der bundesdeutschen Staatsräson und der historischen Realität. Auf die antijüdischen Einstellungen und antisemitischen Parolen der bundesdeutschen Linken haben Moshe Zuckermann und Götz Aly in verschiedenen Publikationen hingewiesen.

Selbst wenn ein Mann wie Jürgen Habermas der deutschen Studentenbewegung "linken Faschismus" vorwarf, so traf doch diese Gleichsetzung von APO und SA den Kern der Problematik überhaupt nicht. Interessanterweise sahen sich nämlich beide Konfliktparteien vielmehr als in einer Reihe mit den Opfern des Nationalsozialismus stehend. Karikaturen in Zeitungen des Springerkonzerns zeigten SA-Männer, die Steine in Schaufenster werfen und daneben Studenten, die Steine in Schaufenster werfen, darunter die Jahreszahlen *1933* und *1968*.

Zentral für das Verständnis der Rolle der "Springer-Presse" ist, dass es sich bei dem Konzern um ein kommerzielles Unternehmen handelte, das ein wirtschaftliches Interesse daran hatte, den Konflikt mit den Studenten eskalieren zu lassen. Denn keine Werbekampagne konnte das aufwiegen, was die Studenten an kostenloser Publicity lieferten, wenn man sie nur dazu aufstachelte. Es spricht auch für die Naivität der "68er", dass sie sich in dieser Hinsicht einspannen ließen, weil sie das Wesen des modernen Marketings nicht durchschauten, sondern in altmodischen Feindbildern dachten. Sicher, der Springer-Konzern hatte stets auch eine politische Agenda, doch in erster Linie ging es um den Absatz der Ware "mit Nachrichten bedrucktes Papier".

Dies war umso leichter möglich, als die APO es verstand, diesen Konflikt zu einer Art heiligen Krieg der anspruchsvollen Wahrheitsträger gegen den *Satan der Lüge* zu verstehen. Auf diese Weise profitierten beide Seiten davon. Das bedeutete ganz konkret: War der Springer Verlag *pro Israel*, so musste die APO *antizionistisch* sein.

Das Thema "1968 und Antisemitismus" ist nach wie vor hochgradig tabuisiert. Der gedankliche Ursprung dieser fatalen Perspektive lag darin, dass die APO jede Mitverantwortung oder Mitlast an der deutschen Geschichte ablehnte und daher, nicht zuletzt auch aus provokativer Absicht heraus, eine antizionistische Haltung im Kampf gegen das bundesdeutsche System für opportun hielt.

Diese Sichtweise des *Wir haben damit nichts zu tun*, verbindet die "68er" zu weiten Teilen, wie Götz Aly aufgezeigt hat, auf geradezu gespenstische Weise mit denjenigen Teilen der Elterngeneration, die sich ebenfalls weigerten, ihre Verantwortung für Völkermord und Holocaust anzuerkennen; auch in dieser Hinsicht gehören die "68er" nicht in die Gegenwart, sondern zu der vergangenen Epoche des *hysterischen Jahrhunderts.*

Wolfgang Kraushaar hat dazu in seinem Buch "Die Bombe im jüdischen Gemeindehaus" Stellung bezogen und eingeräumt, dass etwa im SDS und anderen Teilen der APO antisemitische Strömungen nicht nur klar vorhanden, sondern auch akzeptiert waren, vorausgesetzt, man bediente sich des richtigen Jargons.
Die damals bestehende strategische Verbindung von Teilen der APO und PLO ist bekannt, und so vermengen sich antisemitische und antizionistische Haltungen auf komplexe Weise mit Erklärungen zu dem von der PLO geforderten "Endsieg über Israel" oder zur "Zerschlagung des zionistischen Weltgebäudes", wie dies etwa im Rahmen der berüchtigten PLO Konferenz vom Dezember 1969 in Algiers geschah, an der auch Vertreter des SDS teilnahmen. Kraushaar schreckte indessen vor der Schlussfolgerung zurück, dass die Israelfeindlichkeit vieler "68er" im Grunde nichts anderes war als verkappter Antisemitismus in der abscheulichen Tradition vergangener Jahrzehnte und Jahrhunderte. Zukünftige Untersuchungen der Antisemitismusforschung werden hier mit Sicherheit noch mehr belastendes Material zutage fördern.
Bereits in den Jahren 1959 und 1960 war es zu einigen "Zwischenfällen" gekommen, die eine erneute Diskussion der deutschen Vergangenheit einforderten, nämlich eine Serie von Friedhofsschändungen und Hakenkreuzschmierereien an deutschen Synagogen.
Die Täter wurden ermittelt und das Erstaunliche war: Über die Hälfte der Täter war jünger als 20 Jahre alt, Dreiviertel davon jünger als 30. Das bedeutet, dass die Mehrheit der Täter unmittelbar nach dem Krieg geboren war und damit zur gleichen Generation gehörte wie die späteren "68er". Damit soll nicht unterstellt werden, dass es sich um die gleichen Individuen gehandelt haben könnte. Vielmehr geht es darum, dass in der frühen Bundesrepublik, ein Teil einer Generation entstanden war, die sich in der Auseinandersetzung mit der älteren Generation solcher Mittel bediente, wie sie auch in der Weimarer Republik genutzt worden waren, um politischen Gegnern oder solchen Gruppen, die man dafür hielt, zu schaden. Auch am 9. November 1969, dem Jahrestag der so genannten "Reichskristallnacht" kam es wieder zu derartigen Schmierereien an Gedenkstätten, für die in den Folgetagen linksradikale Gruppen die Verantwortung übernahmen. Diese Tatsachen haben keinen Eingang in den "Mythos 1968" als Jahr der Befreiung gefunden. Doch auch hier muss früher oder später Vergangenheitsbewältigung geleistet werden.

Die ehemaligen Nationalsozialisten und Weimarer Radikalen fügten sich in den demokratischen Rechtsstaat Bundesrepublik ebenso gut ein, wie später ihre totalitären Kinder, die radikalen Teile der "68er", nachdem sie *nolens volens* eingesehen hatten, dass ihre radikalen Lebensentwürfe gescheitert waren: Germania und Großdeutschland oder Räterepublik und Weltrevolution und im zweiten Fall wieder die Weltrevolution oder die Räterepublik, gedanklich begründet auf dem nach Karl Marx geschichtlich notwendigen Untergang der bürgerlichen Welt.
Der Vorwurf, dass viele ehemalige Nationalsozialisten später in der Bundesrepublik weiterhin in Amt und Würden waren, hat die "68er"-Generation, zwar in anderer Form und wesentlich schwächer, doch im Grunde in gleicher Konstellation nun selbst eingeholt: Auch sie haben sich nach und nach einem System angepasst, das sie zu früheren Zeiten als dekadent, falsch, als faschistisch, präfaschistisch und imperialistisch bekämpft hatten. Das alles bedeutet nichts anderes, als dass die "68er", die Kinder der Diktatur, auch im Nachspiel den Weimarer Radikalen folgten, wesentliche Verhaltensmuster mit ihnen teilten und vielleicht bis heute unter vergleichbaren Skrupeln leiden, so wie jene litten, beziehungsweise diese Skrupel mit Verschweigen und Mythenbildung zu tilgen versuchen.

Der "Radikalenerlass" von 1972 oder die "Notstandsgesetze" von 1968 wurden häufig zu einer Art *Staatsstreich von oben*, zu einem *neuen Ermächtigungsgesetz* stilisiert, in dessen Licht die Akteure der APO nun fast wie Widerstandskämpfer erschienen – jedoch solche, die ihrerseits für die Diktatur des Proletariats eintraten und nicht für den Weiterbestand der alten Verfassung, wie im Fall vieler Widerständler gegen das Dritte Reich.
Manfred Histor hat in einer Publikation von "Willy Brandts vergessenen Opfern" gesprochen. Das ist angesichts der Tatsache, dass es sich bei den vom Staatsdienst ausgeschlossenen Personen vorrangig um politischen Akteure gehandelt hatte, die bereit waren, die verfassungsmäßige Ordnung der Bundesrepublik auch auf militantem Wege zu beseitigen und sich dazu bekannten, sicherlich einen bedenkliche Formulierung. Vielmehr rankte sich der Mythos vom Staatsstreich genau um den wunden Punkt der nachwachsenden Generation, nämlich, es welthistorisch nicht mit der Elterngeneration aufnehmen zu können.
Mit den "Notstandsgesetzen" wurde nicht zuletzt eine Forderung der Alliierten erfüllt, das deutsche politische System in Krisenfällen auch unter Ausfall von wichtigen

Verfassungsorganen betriebsfähig zu halten, nicht zuletzt auch, um die Truppen der Besatzungsmächte zu schützen. Das Gesetz enthielt ferner Regelungen für den Verteidigungsfall, den Spannungsfall, den inneren Notstand und den Katastrophenfall – allesamt Vorsichtsmaßnahmen, die in keiner Verfassung fehlen dürfen.
Dabei konnten ausdrücklich Grundrechte für eine gewisse Zeit ausgesetzt werden, etwa das Briefgeheimnis oder die Freizügigkeit. Darin kann man mit Recht einen überaus problematischen Schritt in eine gefährliche Richtung sehen, die auch heute etwa zum Thema Videoüberwachung, Datenschutz oder Rasterfahndung diskutiert wird. Eine Gleichsetzung solcher Gesetze allerdings mit einer tatsächlichen Etablierung einer neuen Diktatur oder dem ersten Schritt in einen zweiten deutschen Faschismus war auch damals schon abwegig. Denn es war ja gerade die Schwäche des Staates von Weimar gewesen, die zu seinem Sturz geführt hatte.

In vielfältigen Flugblättern, Publikationen, auf Versammlungen und Demonstrationen hatten Redner der Studentenbewegung nichts anderes gefordert, als "das System" abzuschaffen und notfalls mit Gewalt durch ein neues zu ersetzen. Als die Regierung darauf reagieren wollte, trat das ein, was auch später noch immer wieder eintreten sollte, wenn in der Bundesrepublik ideologische Konflikte aufflammten. Die eine Seite warf der anderen vor, in der Tradition von 1933 zu stehen. Auch später, lange nach 1968, kam es immer wieder zu solchen wenig fruchtbaren Vergleichen, etwa der des damaligen Bundeskanzlers Kohl in Bezug auf Michail Gorbatschow und Joseph Goebbels. Dieses Phänomen tritt immer wieder und in allen politischen Parteien auf und stets wartet am Ende ein Rücktritt oder zumindest ein Gesichtsverlust. Mike Godwin hat 1990 seine These formuliert, das er aus dem Verhalten von Internetforen abgeleitet hatte: Je länger eine Debatte anhält, desto größer wird die Wahrscheinlichkeit, dass eine Analogie zur NS-Zeit formuliert wird. So lautet *Godwin's law* sinngemäß und in Bezug auf Deutschland ist es anhand von vielen Beispielen zu belegen.
Für den gegenwärtigen Zweck ist entscheidend, dass diese Gleichsetzungen vorhanden sind, denn sie zeigen das Vorhandensein gedanklicher Kategorien, die diese Gleichsetzungen erlauben. Das ist wiederum ein Anzeichen für die gemeinsame Zugehörigkeit zu einer gemeinsamen ideengeschichtlichen Epoche. Nur in diesem philosophischen Sinne haftet allen Bezügen und Vergleichen mit der Nazizeit, die im Eifer des Gefechts geäußert werden mögen, ein wahrer Kern an. Dieser Kern heißt: Es gibt ein Kontinuum der Hysterie und der antibürgerlichen Agitation, das sich über Generationen hinweg zieht und das die Zeit der Weltkriege und die Zeit des Kalten

Krieges mit einschließt. 1968 steht damit nicht "in der Tradition von 1933", sondern gehört lediglich zur gleichen Epoche, die von der Reichsgründung angefangen, etwa hundert Jahre lang andauerte.
Im Jahr 1968 kam es zu der interessanten Konstellation, dass sich beide Seiten gegenseitig vorwarfen, "genau wie damals" zu handeln oder aufzutreten, womit natürlich jeweils auch unterstellt wurde, auch die Absichten seien dieselben. Von beiden Seiten war zu hören, dass es "jetzt wieder soweit" sei. Die APO sah in der Regierung, beziehungsweise dem Establishment eine faschistische Macht, während das *Establishment* seinerseits in den Studenten *Rote SA* zu entdecken glaubte. Tatsächlich jedoch war das *hysterische Jahrhundert* am Werk.

Der bundesdeutschen Regierung einen "Staatsstreich von oben" vorzuwerfen oder die "68er" als unterdrückt zu bezeichnen war jedoch auch aus damaliger Perspektive ungerechtfertigt. Es offenbart allenfalls einen Blick in die Geisteswelt des hysterischen Jahrhunderts eine Welt, die von Begriffen des Hasses und des Verfolgungswahns gekennzeichnet war. Der Mythos entstand daher vermutlich eher aus dem folgenden Grund: Die "68er" im Sinn der APO haben es der Bundesrepublik niemals verziehen, dass es keine nennenswerte Verfolgung der "68er" gegeben hat. Eine der Parolen, die dazu diente, diesem sozusagen verpassten Heldentum zu begegnen, lautete bekanntlich auf "repressive Toleranz des Systems". Ein paradoxer Begriff, der aus Orwells "1984" entstammen könnte: Das "System", das nicht autoritär und polizeistaatlich handelte, sondern den Bürgern als Träger der Grundrechte diese Freiheiten explizit zugestand, wurde als repressiv betrachtet, weil es die wahren Machtverhältnisse, den "täglichen Faschismus", die "Unterdrückung" und die "strukturelle Gewalt" besser kaschierte als eine offen auftretende Diktatur. Somit war in den Augen der Radikalen von 1968 der liberale bürgerliche Staat gewissermaßen noch gefährlicher als es eine offene Diktatur gewesen wäre. Die Pathologie dieser Argumentation ist offensichtlich.
Ideengeschichtlich stehen die radikalen "68er" damit in der Tradition der "Sozialfaschismus-These" der Zwanziger und Dreißiger Jahre. Diese These besagte, dass die Sozialdemokratie gewissermaßen den linken Flügel des Faschismus im weitesten Sinne darstellte und deswegen vorrangig bekämpft werden müsse. Da der Faschismus in den Augen der radikalen Linken dieser Zeit ein Ausdruck oder sogar Kulminationspunkt der bürgerlichen Gesellschafts- und Wirtschaftsordnung war, musste jede andere Ausrichtung, die sich den Werten der bürgerlichen Welt annäherte, ebenfalls

zum Dunstkreis des Faschismus gerechnet werden. Diese gedankliche Kategorisierung vereinfachte die Wahrnehmung der politischen Landschaft beträchtlich und reduzierte das Weltbild auf Gut und Böse.

Es gehört zu den wichtigsten Parametern des Verständnisses der Weimarer Republik, dass die Radikalen mit den als "Novemberverbrechern" oder "Erfüllungspolitikern" bezeichneten gemäßigten Kräften um jeden Preis abrechnen wollten. Eine hysterische Jugend warf ihrer Elterngeneration Verrat vor, wobei sie sich freilich anderer Vokabeln bediente als später 1968, doch an Hass ihrer Nachfolgegeneration glich. Ein deutlicher Unterschied besteht unter Anderem darin, dass das Spektrum der politischen Radikalität in den Zwanziger Jahren viel breiter gefächert war als in den Sechzigern und so sahen die verschiedenen Gruppierungen nach 1918 durchaus unterschiedliche und gegensätzliche Feinde: Die Monarchisten, den Stahlhelm, die Reaktionäre, die Kommunisten, die Nationalsozialisten, die Völkischen, die Ultramontanen, die Kapitalisten, die Juden, den Rotfrontkämpferbund und andere. Auch die Antworten fielen entsprechend etwas bunter aus, aber die Hysterie, die dem Hass zu Grunde lag, das Bewusstsein, auf ein Ende der Welt zuzusteuern war vielen gemeinsam, und fast immer hatten die Lösungsvorschläge mit Vernichtungsgedanken zu tun.
Ein bekanntes Schlagwort der Zwanziger Jahre existierte gleich in zwei Ausprägungen, nämlich: "Der Feind steht rechts" und "Der Feind steht links". Zu Beginn des 21. Jahrhunderts haben die Vokabeln von rechts und links in einem politischen Kontext massiv an Bedeutung verloren, weil sie nicht mehr in der Lage sind, die komplexen Sachverhalte zu beschreiben, mit denen die politische Welt konfrontiert ist – so lautet die gängige Erklärung für diesen Bedeutungsschwund. Eine andere Erklärung kann lauten, dass die politisch reiferen Menschen nach dem Ende des hysterischen Jahrhunderts nicht mehr bereit sind, in derart vereinfachenden Kategorien zu denken wie noch ihre Eltern und Großeltern.

In einem Gespräch zwischen Rudi Dutschke, Bernd Rabehl und Hans Magnus Enzensberger, allesamt Kenner der Schriften Nietzsches, geht es um die Frage der Rechtfertigung von Kriegen, und sie antworteten in Enzensbergers Organ "Kursbuch" vom August 1968 mit der Bemerkung darauf, dass pazifistische Kritik oder friedliche Auseinandersetzung mit diplomatischen Mitteln lediglich die Kampfbereitschaft gegen das unterdrückerische System der Imperialisten unterminieren würde.

Die radikalen Ikonen der "68er" waren nicht bereit für friedliche Schritte und Kompromisse und dabei hielten sie bewusst das Leiden der Kriegsopfer aus ihrer Rechnung heraus: Man kann hier ein erneutes Aufflackern von maximalistischen Weltvorstellungen erkennen, eine Absage an realistische Versuche, den Stand der Dinge graduell zu verbessern und den Rahmen des Möglichen als begrenzt hinzunehmen. Man kann die Forderung nach Verzicht auf friedlichen Protest aber auch als Ausdruck einer zynischen Hybris begreifen, die dem maximalistischen Ziel alles unterordnet, auch das Leben von fremden Menschen. Hannah Arendt[17] hat diese Einstellung des "Wo gehobelt wird, da fallen auch Späne" als Kernstück des Totalitarismus bezeichnet, wenn sie in Bezug auf Gesellschaften und Menschenleben erscheint, und wenn es Menschen sind, die hinweggehobelt werden.

Bekanntlich kam das Dritte Reich einem Ende der Welt faktisch ziemlich nahe, doch selbst dann, selbst nach diesem unfassbaren Zusammenbruch an fast allem, was bestanden hatte, änderte sich nichts an der Vorstellung, dass das Ende der Welt erneut bevorstehe.

Man kann sagen, dass die Generation der Kriegsteilnehmer von der Hysterie wenn nicht geheilt, so sich doch mehrheitlich von Ideologien abgestoßen fühlte. Dadurch war eine Lücke entstanden die erst gefüllt werden musste, etwa durch Verfassungspatriotismus oder Stolz auf den wirtschaftlichen Erfolg der Bundesrepublik oder den frühen Fußball-Weltmeistertitel. Die nachwachsende Generation aber, ebenfalls Erben des hysterischen Jahrhunderts, musste diese Inhalte des neuen Stolzes der alten Generation ablehnen, wenn sie sich selbst erst definieren wollten, wie es die Aufgabe jeder neuen Generation ist. Daher konnten die radikalen "68er" dem modernen demokratischen Rechtsstaat nur ablehnend gegenüberstehen.

Hans Magnus Enzensberger, von verschiedenen Seiten häufig als "Aufklärer" bezeichnet, gehört zu denjenigen Exponenten der "68er", die in ganz wesentlichem Umfang das apokalyptisch verdunkelnde Moment dieser Zeit geprägt haben. Man kann Enzensberger diesen Vorwurf nicht ersparen: Er lieferte seinen Lesern nicht nur leicht zu handhabende Vorurteile gegenüber den Vereinigten Staaten, sondern viel mehr, nämlich ein Weltbild in grauen Farben und hoher Auflage. Als Enzensberger die USA verließ, wo er bis 1967 als *Fellow* an einer Hochschule gearbeitet hatte, um nach Kuba zu gehen, schrieb er in einem offenen Brief zum Abschied, dass er die

[17] Elemente und Ursprünge totaler Herrschaft, Frankfurt a. M., 1955.

Regierung der USA für gemeingefährlich halte und konstatierte, dass diese Regierung einen Krieg mit einer Milliarde von Menschen führe, mit Ausrottungs-Bombardements und Gehirnwäsche. Für Enzensberger stand die USA der späten Sechziger Jahre dort, wo Deutschland unmittelbar vor Hitlers Machtergreifung gestanden hatte.

Enzensberger war, wie viele andere auch, aus ideologischen Gründen nicht bereit, die amerikanische Gegenwart auf eine Weise wahrzunehmen, wie es sich für einen Aufklärer eigentlich gehört, nämlich ohne Denkschablonen und ideologisches Kaleidoskop, oder, um es mit Kant zu sagen, ohne selbstverschuldete Unmündigkeit.

Die Irrtümer in seinen Betrachtungen waren so offensichtlich, dass Enzensberger selbst Korrekturen daran vornehmen musste. Später bezeichnete Enzensberger seine pessimistischen und historisch falschen Einschätzungen etwas beschönigend als "Augenfehler".

Das Bild ist interessant, und zur Entschuldigung von Enzensberger mag gesagt werden, dass niemand gegen den fatalen Effekt des Perspektivwechsels gefeit ist, der eintritt, wenn neue, starke Ideen die eigene oder allgemeine Vorstellungswelt betreten. Der Effekt des Augenfehlers kommt zustande, wenn eine Versuchsperson eine Prismenbrille aufsetzt, die den Blick auf die Außenwelt um ein paar Grad in eine oder sogar zwei Richtungen verschiebt. Der Proband wird dann eine Weile an Kopfschmerzen leiden, herumstolpern, beim Greifen nicht treffen, und allgemeine Schwierigkeiten haben, sich zu orientieren. Nach einer Weile hat das Gehirn den Betrag der Fehldifferenz erkannt und zieht ihn sozusagen von der Wahrnehmung ab. Erst jetzt ist der Proband in der Lage, sich sinnvoll in seiner Welt zu bewegen. Nimmt er die Brille jedoch wieder ab, setzt erneut Desorientierung ein. Der entscheidende Punkt ist: Das Herumtaumeln ist ein Lernprozess und damit essentiell wichtig für die Normalisierung oder zumindest Anpassung der Wahrnehmung. Ein Proband, der auf einem Stuhl festgeschnallt ist und sich nicht bewegen kann, hat keine Chance, sich wieder neu einzunorden. Ein vergleichbarer Effekt tritt möglicherweise auch bei geistesgeschichtlichen Umständen auf, wenn dominante Ideologien aufkommen oder sterben. Dieser Umstand mag als Analogie zur bundesdeutschen Gesellschaft nach dem Zweiten Weltkrieg dienen, oder auch als Analogie für die Emanzipationsbestrebungen der studentischen Jugend: Es wurde tüchtig herumgetorkelt. Der Lernprozess scheint inzwischen abgeschlossen zu sein.

Die inflationäre und meist auch einfach nur unkritische Verwendung von Begriffen, die eindeutig belegt sind, führte dazu, sich die Sprache der politisierten Jugend immer weiter radikalisierte und dazu, dass die verbale Gewalt immer breiteren Einzug in das Denken halten konnte: Die Bundeswehr und die Wehrpflicht erschienen dadurch als "faschistoid"; "präfaschistisch" oder "faschistisch", ebenso das Verhalten der Polizei, das Auftreten oder das Vorhandensein von Kontrolleuren im Zug, die Tatsache, dass Professoren sich weigerten, Vorlesungen abzusagen, weil eine "kleine radikale Minderheit" noch einmal über Vietnam diskutieren wollte, all das war aus den Augen der Aktivisten tendenziell "faschistoid". Der tatsächliche Effekt war jedoch, dass der wahre Gehalt des Begriffes verloren ging, was der Qualität der Vergangenheitsbewältigung abträglich war.

2.4 Der Krieger als Vorbild der Jugend

Ernesto "Che" Guevara, Mao Zedong und Ho Chi Minh waren und empfanden sich in erster Linie als Krieger. Das Verhältnis der deutschen "68er" zu diesen Ikonen des Kampfes war bezeichnend: Sie sahen in ihnen Vorbilder, um nicht zu sagen Schutzheilige, die in Form von Abbildungen herumgetragen und präsentiert wurden, traditionellen religiösen Ikonen oder Heiligenbildern nicht unähnlich.
Mit den Helden der Vorgängergeneration hatte es sich analog verhalten: Günther Prien, der Kommandant der U 47, Erwin Rommel, der "Wüstenfuchs", oder auch das "Fliegerass" des Ersten Weltkrieges Ernst Udet oder auch Manfred von Richthofen der "Rote Baron" – ihre Abbilder hatten Kinderzimmerwände der Vorgängergeneration geschmückt, und im Andenken der kommunistisch-sozialistischen Familien waren es Bilder von Revolutionshelden der Oktoberrevolution oder der deutschen Novemberrevolution. Im *hysterischen Jahrhundert* konnten Kämpfer Popstars sein.
Hätte es zur Zeit der Weltkriege schon bedruckte T-Shirts gegeben, so wären die alten Kriegshelden wahrscheinlich auch dort aufgetreten. Heute, im ersten Jahrzehnt des neuen Jahrtausends sind es Sportler, schwer bewaffnete Fantasy- und Science-Fiction Figuren oder reale aber elaborierte Popstars, was aus ästhetischen Gesichtspunkten zwar ein nur schwer zu deutender Fortschritt ist, aber im Hinblick auf humanistische Werte eine eindeutige Wendung zum Besseren darstellt. Der kinderzimmertaugliche Massenmord findet heute in der virtuellen Welt und an virtuellen Monstern im Computer statt, nicht mehr, wenn auch nur modellhaft, an Lebewesen aus Fleisch und Blut auf real existierenden Schlachtfeldern - Tatsache ist: Die Kultur der APO

verherrlichte Kriegshelden und Apologeten der Gewalt in bewährter Art und Weise und stand damit in einer uralten Tradition.

Es ist bekannt, dass in der Geschichte der militärischen Konflikte der Neuzeit kriegerische Auseinandersetzungen zwischen Bürgergesellschaften nur äußerst selten sind und zwischen parlamentarischen, repräsentativen Demokratien so gut wie nicht vorkommen. Kriege finden gewöhnlich zwischen autoritären Staaten untereinander oder zwischen autoritären Staaten und Demokratien statt. Das ist eine bedeutsame Tatsache, und sie zeigt für den gegenwärtigen Zusammenhang, dass eine Gruppe, die sich selbst im Krieg befindlich sieht, durch die Art und Weise wie sie das tut, immer auch fundamentale Aussagen über ihre Haltung zu demokratischen Werten trifft, wie sie den Krieg wahrnimmt und wie sie sich selbst in diesem Krieg sieht und welche Art von Ausgang sie erhofft. In aller Regel erklären Demokratien einander keinen Krieg, weil es kostengünstigere Konfliktformen gibt. Das ist eine zentrale Lehre der letzten Dekaden. Die Bundesrepublik war ohne Frage der demokratischste, liberalste und stabilste Staat, den die Deutschen in Teilen seit langer Zeit, wenn nicht überhaupt je hatten. In diesem Staat einen Feind zu sehen, der notfalls auch mit militanten Mitteln bekämpft werden musste, ist daher auch ein aufschlussreiches Selbstzeugnis derjenigen Gruppen der radikalen "68er", die teilweise unter Beifall der weniger Entschlossenen den Krieg in den Städten aufzunehmen bereit waren. Für totalitäre Gedankengebäude und ihre Vertreter ist es zu allen Zeiten typisch gewesen, ihre Feinde komplett auslöschen zu wollen. Die Antwort darauf muss ganz klar lauten: Folter ist Folter und Gewalt ist Gewalt, gleich wer dahinter steht. Dies wurde von den radikalen "68ern" nicht so gesehen, ebenso wenig von den anderen Radikalen der totalitären Phase des 20. Jahrhunderts in Ost und West.

Die Ikonen, Vorbilder und Helden der "68er" hatten zumeist noch als politische Führungskräfte nach der aktiven militärischen Zeit Gelegenheit, ihre persönlichen Opferstatistiken aus der Kampfzeit noch zu übertreffen, etwa im Rahmen von Kulturrevolutionen wie unter Mao oder Tribunalen wie Guevara oder den Umerziehungslagern von Ho Chi Minh, den organisierten Massakern von Pol Pot, den Gulag und Schauprozessen der sowjetischen Diktatoren. Sie sind als politische Leitfiguren am Tod von entscheidend mehr Menschen verantwortlich als sie es aufgrund ihrer eigenen militärischen Aktivitäten waren. Verehrte Kriegshelden sind immer überaus effektive Instrumente der Kriegsführung in den Köpfen. Eine Regel, der sich viele "68er" freiwillig unterwarfen, wenn sie die Namen von Massenmördern skandierend durch die

Straßen gingen, deren Portraits an der Brust trugen und deren Publikationen auswendig lernten.

Aufschlussreich für das Verständnis jeder sozialen Gruppe ist die Frage, für wen sie schwärmt: Im Fall der "68er" waren es meist sozialistische Anführer aus Ländern der Dritten Welt. Hierbei ist vor allem der Umstand zu nennen, dass gerade die fernöstlichen sozialistischen Länder wie Vietnam oder auch China zutiefst von kleinbürgerlichen Idealen geprägt waren, was sich an Umgangsformen, Einrichtung, Kleidung und der Vorstellung eines guten sozialistischen Familienlebens gut aufzeigen lässt. Die rigiden moralischen Vorstellungen, die Verklemmtheit oder, wie es die "68er" nannten, der "Muff", den man der Bundesrepublik konstatierte, waren integraler Bestandteil jeder sozialistischen Gesellschaft und Herrschaftsform, und Verstöße gegen diese Normen wurden mit harten Sanktionen geahndet.
Die etablierte Gesellschaft der Adenauerzeit nahm die Volksrepublik China als unbestimmte und dadurch umso gefährlichere Quelle der "Gelben Gefahr" wahr. Koreakrieg und Vietnamkrieg taten ein Übriges. Daher konnte eine Identifizierung der rebellierenden Jugend mit diesem Angstgegner aus Fernost eine überaus starke Schockwirkung auf die ältere Generation erzielen, und genau darin lag die Absicht und nicht darin, in Europa "chinesische Verhältnisse" zu schaffen, denn die kannte kaum einer der demonstrierenden Jugend tatsächlich. Das unsagbare Leid der chinesischen Bevölkerung unter den Kommunisten diente in Deutschland allein als Instrument einer internen Auseinandersetzung zum Thema "deutsche Identitätsfindung".
Auch die stalinistischen Regime Mittel- und Osteuropas waren von dieser "muffigen" Kleinbürgerlichkeit geprägt, wie sie im Werk Vaclav Havels für den Fall der Tschechoslowakei überaus treffend thematisiert wird. Für viele der aus den Bauern- oder Arbeiterschichten aufgestiegenen Kader in der Dritten Welt oder auch den "Schwellenländern" beziehungsweise den Industrienationen Mitteleuropas bedeutete der Aufstieg in das Lebens-Niveau des Kleinbürgertums einen echten sozialen Schritt nach oben. Auch wenn die Gedankenwelt vielleicht sogar proletarisch blieb, im Stil des Kleinbürgerlichen, dem kleinen Garten, der kleinen Wohnung lag das gesellschaftliche Ziel. Der abstrahierende, pseudo-wissenschaftliche Jargon der APO half mit, einen wahrhaftigen Blick auf die realen Umstände in den entfernten Ländern, die als gigantische Versuchslabors des Kommunismus dienten, zu verstellen.

Um die Effektivität des Generationenkonflikts aufrechtzuerhalten, mussten die radikalen Teile der "68er" dann das Leid der dortigen Regimegegner ignorieren oder leugnen, ebenso das Leid derjenigen, die von den "Ikonen" der sozialistischen Befreiung unterdrückt und ausgebeutet wurden. Es war wiederum die Vorstellung, dass eben Späne fallen, wenn gehobelt wird. Diese "Späne" trugen nur leider ein menschliches Gesicht: Es handelt sich dabei erneut um die typischen Opfer aller Gewaltregimes: intakte bürgerliche und adlige Familien, Geistliche, kritische Akademiker, Journalisten, religiöse und ethnische Minderheiten, Behinderte, Drogenabhängige, Dissidenten und Bürgerrechtler, Homosexuelle, Ausländer, Prostituierte, Kriegsdienstverweigerer und Menschen, die einfach nur zur falschen Zeit am falschen Ort waren, die da im Rahmen totalitärer Hobelprojekte hinweggehobelt wurden. Dies bewusst ignoriert oder teilweise sogar begrüßt zu haben, gehört zur unbewältigten Altlast der radikalen "68er" und ihrer Sympathisanten.
Ohne Frage: Die "68er" tragen keine unmittelbare Mitschuld an den Verbrechen in der Dritten Welt, wohl aber daran, dass die tatsächliche Gewalt und das millionenfache Leid in relativierter Form wahrgenommen und dargestellt wurde. Das Drama der "68er" lautet, dass sie sich selbst von einem vermeintlich totalitären System, der Bundesrepublik, bedroht sahen und gleichzeitig andere totalitäre Regime für ihren "gefühlten Widerstand", instrumentalisierten. Daraus erwuchs eine Paradoxie, die sich nur mit Hilfe des Mythos der Befreiung erklären oder ertragen lassen konnte. Daher zogen sich die radikalen "68er" zunehmend in die *splendid isolation* der Theorie zurück. Die Vorbilder der Revolte erhielten durch Allgegenwart auf Bildern Kultstatus.

Ironischerweise ist das monochrome Abbild von "Che" Guevara eine der, wenn nicht sogar *die am meisten reproduzierte Fotographie* überhaupt und in erster Linie ein kommerzielles Produkt. Das Bild des antikapitalistischen Dschungelkämpfers ist zu einer profitablen Ikone des Kapitalismus geworden, zu einem Logo auf T-Shirts, die allein zu Zwecken des marktwirtschaftlichen Gewinns verkauft werden. Seine politischen Ziele sind glücklicherweise weitgehend in Vergessenheit versunken:
Ernesto Guevara trat unter anderem für die Schaffung eines "Weltvietnam" ein, worunter er die Schaffung einer globalen Todeszone verstand, deren Betrieb auf Dauer dazu führen würde, die Herrschaft der USA zu schwächen und dann endgültig zu brechen. Die deutschen "68er" nahm diese Forderung in Form des Slogans "Ein,

zwei, viele Vietnams" zu schaffen bereitwillig auf. Der Krieg sollte total und global werden – und es gab schon wieder eine deutsche Jugend, die das eifrig bejubelte.
Männer wie Mao Zedong übertrafen Ernesto Guevara an militärischem Erfolg und Todeszahlen bei weitem. Die chinesische Kulturrevolution mit ihren Umerziehungslagern, Zerstörungen und Morden ist ein Kapitel, das bis heute nicht vollständig in seiner Bedeutung für das moderne China erfasst ist. Die Verluste an Menschenleben, Werten und Kulturgütern sind nicht einmal den Zahlen nach erfasst, geschweige denn in ihrer sozialen und historischen Bedeutung. Es handelt sich dabei um zahlenmäßige Größenordnungen einer "inneren Angelegenheit Chinas", in denen man in Europa sonst die Populationen von ganzen Staaten angibt.
Die Absicht der politischen Führung Chinas bestand nicht allein darin, bestimmte Teile der Bevölkerung aus der Gegenwart und Zukunft des Landes zu verbannen, sondern auch aus der Vergangenheit. Das, was nicht passte, sollte so umfassend vernichtet werden, als hätte es überhaupt nie existiert. Robert Harris hat diese totalitäre Sichtweise mit ihren komplizierten Konsequenzen in dem Roman "Vaterland" sehr eindrucksvoll für ein hypothetisches Drittes Reich nach dem "Endsieg" über die Sowjetunion beschrieben. Im Fall von China sind indessen noch zu viele Fragen offen. Doch was ungefähr vorging, nämlich eine landesweite, staatlich gelenkte aber dezentral durchgeführte Pogrompolitik mit zahllosen Morden und Verbrechen war auch in den Sechzigern durchaus bekannt und Gegenstand von Diskussionen, aber dennoch oder sogar deswegen blieb der blutige Diktator, die Vaterfigur Mao mitsamt ihrer roten Bibel von unübersetzbaren Maximen, ein Fixstern am geistigen Himmel weiter Teile der APO.

Das Bild der friedlichen Blumenkinder und Wuschelköpfe oder der mutigen Demonstranten, der engagierten Studenten ist unvollständig, solange man nicht über die Ideen derer spricht, für die sie schwärmten. Man kann mit Sicherheit sagen, dass es heute für die Mehrheit der Jugendlichen undenkbar ist, sich für reale Kriegshelden zu begeistern oder soldatisches, militantes Vokabular wie selbstverständlich für den Alltag zu verwenden. Man kann der jungen Generation all die Dinge vorwerfen, die man jeder nachfolgenden Generation seit Sokrates, Platon und Aristoteles, die ihrerseits auch nicht die Ersten waren, unbedingt vorwerfen muss, wenn die Welt, wie wir sie kennen, bestehen bleiben soll. Aber das eine kann man den modernen Teenagern nicht mehr vorwerfen, dass sie Massenmord, Krieg und Terrorismus auch nur in der

Theorie begrüßen. Für die "68er" und ihre geistesgeschichtlichen Vorgänger war dies jedoch eine anhaltende Tatsache.
Die Friedensbewegung der Achtziger Jahre war möglicherweise der letzte Ausläufer dieser militärisch fixierten Endzeitstimmung in Deutschland, wobei auch hier in den Kategorien von "Vernichtung", "Zerschlagung"; "Auslöschung" und atomarem "Holocaust" gedacht wurde. Viele Publikationen dieser Jahre schwelgen geradezu in Statistiken über militärische Stärke, Truppenbewegungen, Waffengattungen, Vernichtungspotentialen und Vernichtungstechniken und die je nach Land verschieden langen Mobilisierungszeiträume, dass man sich an die Zeit der Weltkriege erinnert fühlt, als derartiges Zahlenwerk ebenfalls ein Hobby von besorgten Staatsbürgern war, wenn auch mit anderen Vorzeichen. "Der Zauber", den das Militärische auf den Deutschen ausübt, wie Eugen Kogon meinte, ist in beiden Fällen zu bemerken. Im Fall der Friedensbewegung war jedoch das Vorzeichen der Existenzangst die einzig politisch vertretbare Version dieser hysterischen Begeisterung am Untergang. Das Gegenteil von hysterischer Zustimmung ist nicht hysterische Ablehnung, sondern Sachlichkeit und gesunder Menschenverstand.

Gehörte die verbale Gewalt einfach zum damals gepflegten Ton, dessen Bedeutung man aus heutiger Sicht nicht überschätzen sollte? Man kann diese häufig geäußerte Entgegnung nicht vorschnell akzeptieren, denn eine Formulierung wie "Auf die Fresse hauen!", wiederkehrendes Motiv jener Jahre, unter anderem im Zusammenhang mit der Person des Verlegers Axel Springer häufig verwendet, wandelt sich über die Jahrzehnte nicht so stark in ihrer Bedeutung, dass sie 1968 etwas grundsätzlich Anderes bedeutet hätte als sie es heute tut.
Richtig ist vielmehr, dass die Gewalt und die Akzeptanz der Gewalt, beziehungsweise ihre verbale oder tatsächliche Ausübung feste Bestandteile des geistigen Instrumentariums der "68er" waren. Natürlich: Auch die BILD-Zeitung beteiligte sich an dem hysterischen Karussell dieser Jahre. Die journalistischen Beiträge stehen dem verqueren Weltbild der APO sprachlich und gedanklich wenig nach. Nicht zuletzt profitierten einige Medien ja auch finanziell davon, dass die Glut geschürt wurde.
In geistesgeschichtlicher Hinsicht stand man mit diesen Ausbrüchen wieder in der Tradition der "Weimarer Radikalen", zu deren Wünschen es auch stets gehörte, bestimmten Gruppen "auf die Fresse zu hauen" um dadurch selbst wiederum in den Medien in Erscheinung treten zu können. In beiden Fällen sind sowohl die verbalen Ankündigungen als auch die dazu gehörenden Durchführungen für jeden Demokraten

vollkommen unerträglich, und sie waren es zu jeder Zeit. Die These von der "demokratischen zweiten Staatsgründung" 1968 ist schlecht haltbar, wenn man sie auf das damalige Weltbild und Wertegefüge derer bezieht, die diese zweite Staatsgründung später für sich in Anspruch nahmen und als Leistung reklamierten. Die unbestrittene Transformation der Bundesrepublik, die durch die Proteste der APO eintrat, war nicht das erklärte Ziel der Bewegungen.
Auch in der nationalsozialistischen Zeit in Deutschland hatten, wie später in China, Kulturvernichtungen, Bücherverbrennungen und Pogrome stattgefunden und waren auf Beifall bei ganz bestimmten Gruppen innerhalb der Bevölkerung gestoßen, während sie andere Teile zutiefst verstörten und abstießen. Auch in der DDR war es zu solcher Kulturvernichtung gekommen, und stets glichen sich die Argumente und Vorwände.
Wenn zwischen "richtigem" und "falschem" Terror, guter und schlechter Kultur unterschieden wird, oder zwischen "guter" und "böser" Gewalt anstelle von Terror oder Nicht-Terror, dann ist es nur eine Frage des geschichtlichen Moments zu welchem Urteil die Aktivisten über politische Gegner kommen. Die Chance zumindest auf sprachlich-gedankliche Hinrichtung von Andersdenkenden ist jedoch durchweg gegeben. Genau das ist 1968 großflächig geschehen. Deswegen ist es nicht notwendig, das spätere Abgleiten einer Minderheit in den tatsächlichen Terrorismus anzuführen, wenn man aufzeigen will, in welchen mentalitätsgeschichtlichen Kategorien die radikalen "68er" dachten. Die RAF ist schließlich kein Massenphänomen geworden, sondern eine letzte Zuckung des hysterischen Jahrhunderts, die freilich bei einigen Teilen der "68er" auf Beifall traf.

Zurück zu den Ikonen: Worin besteht eigentlich das intellektuelle Vermächtnis eines Rudi Dutschke? Am wahrscheinlichsten ist es seine persönliche Rolle bei den Protesten, oder die Erinnerung an Dutschke als charismatischen Anführer. Dutschkes Schriften indessen werden heute kaum noch gelesen; der umständliche, pseudoakademische Jargon und die radikalen Zielsetzungen erscheinen antiquiert und alles in allem wenig geistreich. Ralph Dahrendorf nannte sie schlicht "langweilig". Manfred Wilke bezeichnete Rudi Dutschke gar als "manipulative[n] Despot im Kleinformat". Die Vorschläge Dutschkes zur Abschaffung der von ihm wahrgenommenen Missstände in aller Welt und vor allem Deutschlands entstammen in der Tat einer totalitären Geisteshaltung, die kaum mit den Werten des Humanismus oder der modernen Demokratie eines integrierten Europa zu vereinbaren ist.

Die Person und die Positionen Dutschkes gehören auch aus diesem Grund zu den am stärksten missverstandenen der gesamten "68er-Zeit". Dies betrifft vor allem seine Haltung zur Frage der deutschen Nationalstaatlichkeit. Kommende Forschungen werden den Nachweis führen, dass Dutschkes Ideen zum Thema "Deutschland" zu weiten Teilen als zumindest traditionell und moderat nationalistisch im Sinn des 17. Juni 1953 bezeichnet werden können. Diese andere, zweite geistige Herkunft des gebürtigen "Ostdeutschen" Rudi Dutschke ist findet im Mythos wenig Raum.
Es gehört zu den unbedeutenden Marginalien der Geschichte von 1968, dass Rudi Dutschke eine Zeitung herausgab, die sich "Anschlag" nannte, ein höchst mehrdeutiges Wort, das man verstehen konnte als Anschlag im Sinn von "Plakat oder Aushang", oder im Sinn von "Plan" oder "Attentat" oder auch im Sinn von "Waffe im Anschlag". Eine von Joseph Goebbels gegründete Zeitung nannte sich "Angriff", ein vielleicht etwas weniger vieldeutiger Name, der jedoch von der gleichen rhetorischen Technik Gebrauch machte. Der Titel soll in beiden Fällen sagen: "Hier geht es ohne Rücksicht zur Sache!" In beiden Fällen trägt ein Medium der Information die provokant militante Gewalt im Namen.

Horst Wessel und Benno Ohnesorg waren zu Lebzeiten relativ wenig exponierte Persönlichkeiten, was ihre Bedeutung innerhalb derjenigen Bewegungen betrifft, der sie, der eine mehr der andere viel weniger, konsequent angehörten und später verklärend zugeordnet wurden. Erst mit der Instrumentalisierung ihres Todes sind sie Teil des kollektiven Gedächtnisses ihrer Generation geworden.
Der Student Horst Wessel wurde 1907 geboren und starb 1930, erschossen im Rahmen eines Attentats in der Berliner Rotlichtszene. Der Student Benno Ohnesorg wurde 1940 geboren und starb 1967, erschossen im Rahmen einer Demonstration, ebenfalls in Berlin. Haben die beiden Schicksale mehr Parallelen? Kaum! Der Begriff des Märtyrers sollte den Beobachter, der sich für geistesgeschichtliche Zusammenhänge interessiert, immer hellhörig machen: Wofür gestorben, und auf welche Weise? Wie wurde er im Nachleben dargestellt? Wem nützten diese Darstellungen?
Interessanterweise haben sich sowohl Benno Ohnesorg als auch Horst Wessel nicht bewusst, also im eigentlichen Sinn märtyrerhaft, für ihre Ziele in Lebensgefahr begeben, wie etwa die christlichen Eiferer der römischen Kaiserzeit. Aber das spielt für ihre Instrumentalisierung keine Rolle. Ohnesorg und Wessel waren schlicht und ergreifend zur falschen Zeit am falschen Ort.

Radikale zu allen Zeiten haben verstanden, dass man Märtyrer braucht und auch, wie man Märtyrer macht, nämlich nicht dadurch, dass ihre Verdienste gewürdigt werden oder dass ihre Werte wiederbelebt und als Erbe bewahrt werden, sondern allein und einfach nur dadurch, dass ihr Tod permanent neu erzählt und mit den gegenwärtigen Zielen in Zusammenhang gebracht wird. Auf diese Weise steigt der weltliche Märtyrer in den Himmel auf und beseelt die anderen, die noch leben, mit dem Gefühl, dass es ein Privileg sei, diesem Namen zu folgen. Aber wer war Benno Ohnesorg? Wer war Horst Wessel? Wer außer Experten kann mehr als ein paar Sätze über sie und ihr Leben sagen?
Rosa Luxemburg und Karl Liebknecht auf kommunistischer Seite waren Märtyrer ganz anderer Kategorie. Sie waren über eine lange Zeitspanne hinaus prominente Figuren einer radikalen politischen Richtung gewesen und eben darum wurden sie von anderen radikalen Kräften ermordet. Die Anschläge fanden im Gegensatz zu den Fällen Wessel und Ohnesorg gezielt und organisiert statt und hatten die Aufgabe, zwei verhasste Vertreter einer als feindlich und bedrohlich empfundenen politischen Richtung zu beseitigen und deren Anhänger einzuschüchtern, was ohne Frage auch gelang. Hier ist mehr Stoff für echten Märtyrerkult vorhanden.
Interessant ist ferner die Wirkungsgeschichte der Überläufer, jener Aktivisten der APO-Zeit, die sich später eher dem rechten Spektrum der bundesdeutschen Politik zugehörig fühlten oder auf irgendwelche andere Weise die Ideen der 68er Jahre aufgaben, ummünzten oder für neue Zielsetzungen instrumentalisierten. Man muss dabei nicht einmal auf die politischen Extremfälle Mahler, Oberlercher, Maschke oder auch Langhans Bezug nehmen, deren Positionen zum Thema des Nationalsozialismus schlichtweg als haarsträubend zu bezeichnen sind. Auch Joschka Fischer, Joscha Schmierer, Otto Schily und Martin Walser gehören zu den "Überläufern", denen vorgeworfen wurde, die Ideale von 1968 auf die eine oder andere Weise verraten zu haben, dass man gerade von ihnen "das nicht erwartet" hätte. Die Geschichte des Nachlebens und die Rezeption der biographischen Entfernung von den Positionen der Jugendzeit ist ein noch zu schreibendes Kapitel der bundesdeutschen Geschichte, das dann systematisch angegangen werden kann, wenn die Nachlässe der Betreffenden der Forschung zugänglich gemacht werden.

2.5 Geschlechterrollen und Familie

Ein oft erzählter Teil des "Mythos 1968" betrifft das Verhältnis der Geschlechter zueinander. Er besagt, dass die Gleichberechtigung von Mann und Frau eines der vorrangigen Ziele der "68er-Zeit" gewesen sei. Aber wenn man sich einmal fragt, welche weiblichen Namen denn aus diesem Jahr übrig geblieben sind, so sind das nicht sehr viele. Genau das gleiche gilt für die Vorgängergeneration. Hier ist vielleicht nur Eva Braun zu nennen, gewissermaßen die "Uschi Obermaier des Berghofs". Die Wahrheit ist: Beide Generationen waren stark androzentrisch geprägt; die Organisationen und Gruppen trugen eindeutig männerbündische und machohafte Züge. Der bekannte Spruch vom Establishment, das durch Beischlaf entsteht, wird bezeichnenderweise allein für das männliche Publikum überliefert.

Sophie Dannenberg hat zu dem Thema "Männlichkeitswahn der 68er" einen sehr unterhaltsamen Roman veröffentlicht, in dem sie berichtet, dass Institutionen wie die bekannte *Kommune 1* wahrscheinlich allein Männer-Phantasien beflügelt hätten, da die weibliche Verweigerung sexueller Kontakte sofort als "Spießertum" kritisiert und denunziert wurde.

Das "Macho-Gehabe der Alt-68er" ist sprichwörtlich, wobei dieses Image von den Betroffenen selbst durchaus auch stolz gepflegt wird. Sexismus und liberale Vorstellung von Gleichberechtigung sind nicht miteinander vereinbar, sehr wohl aber Sexismus und totalitäre, autoritäre und diktatorische Gesellschaftskonzepte im Großen wie im Kleinen, wie sie auch wiederum im radikalen Feminismus zu konstatieren sind. Es scheint so zu sein, dass radikalen Bewegungen auf diejenigen Dinge, die sie ablehnen immer vorrangig derart reagieren, dass sie das abzulehnende Element an eine andere, äußere Gruppe weitergeben und intern den Mythos der Abschaffung pflegen. Aus diesem Grund können radikale Bewegungen nichts verändern, sondern das Leid nur verlagern, das sie zu bekämpfen vorgeben.

Auch die Adenauerzeit hatte, wie bislang alle anderen Epochen zuvor oder danach, erhebliche Defizite, was den Aspekt der Gleichberechtigung von Mann und Frau betrifft. Doch war durch die Umstände der Nachkriegszeit eine Situation entstanden, die die Emanzipation der Frau eher förderte: Da Bedarf an Arbeitskräften bestand, waren Karrierepläne für viele Frauen auch tatsächlich umsetzbar, wie das Beispiel der in vielerlei Hinsicht bemerkenswerten Beate Uhse zeigt. Frauen wurden Autofahrerinnen, Geschäftsführerinnen, Politikerinnen und waren nicht länger darauf beschränkt, Mutter, Ehefrau oder Kriegerwitwe zu sein.

Die Emanzipation der Frau hat in den Fünfziger Jahren keinen Rückschlag erlitten, der mit dem durch die Machtergreifung der Nationalsozialisten vergleichbar gewesen wäre. Im Gegenteil: Es ging langsam aber sicher aufwärts, und erst im Rückblick derjenigen Jahre, die nichts gelten ließen, was gemäßigt und nicht-radikal war, erscheinen diese Tatsachen als "muffig".

Die großen gesellschaftlichen Frauennamen des Nationalsozialismus dagegen blieben abgesehen von ein paar Schauspielerinnen zumeist mit dem namensgebenden Ehemann verbunden: Emmy Göring und Magda Goebbels und in gewisser Hinsicht auch Eva Braun. Eigenständige Frauen waren nicht erwünscht, und wenn, dann am besten in dienender Funktion, wie etwa als Filmerin von Olympiaden, in deren Mittelpunkt erneut vor allem Männer standen, Männer, die kämpften. Das Ideal der "68er", besonders der APO-Elite war ebenfalls ein stark kämpferisches, männlich-heldenhaftes Ideal: Che Guevara, Mao, Ho-Chi-Minh und viele andere Krieger, aber keine Frauen, und wenn, dann als Dekoration.

Alice Schwarzer, eine der bemerkenswertesten, mutigsten und originellsten Figuren jener Jahre, verbrachte die 68er-Zeit in Paris und kehrte erst um 1974 nach Deutschland zurück. Man kann die "Ikone" Alice Schwarzer zur deutschen Kultur jener Jahre rechnen, allerdings mit erheblichen Einschränkungen, die dadurch entstehen, dass sich die französische "68er-Bewegung" in wichtigen Teilen von der deutschen unterschied, und dadurch, dass Schwarzer ihrerseits zu den schärfsten Kritikerinnen der männlich geprägten APO-Epigonen gehörte.

Der radikale Feminismus der späten Sechziger und frühen Siebziger Jahre indessen, die ideologisch geprägte Reduzierung komplexer historischer und sozialer Sachverhalte auf Geschlechterverhältnisse, weist ohne Frage Parallelen zu anderen extremen Ideologien auf: Sexismus und Rassismus liegen sowohl ideengeschichtlich als auch phänomenologisch stets nahe beisammen.

Dieser frühe Feminismus stand den übrigen Strömungen im Gefolge der "68er" an rhetorischer Unversöhnlichkeit, Provokationslust sowie Brutalität wenig nach und passt sehr gut in das Bild des gewaltbereiten, *hysterischen Jahrhunderts*, vor allem, wenn man sich vergegenwärtigt, wie sehr sich die entsprechenden Akteurinnen, nicht zuletzt Alice Schwarzer selbst, inzwischen stilistisch und rhetorisch weiterentwickelt haben. Der Prozess der Beruhigung der damaligen Akteure ist mit dem biologischen Prozess des Alterns verbunden, der jeden Aufstand der Jugend dadurch beendet, dass die Akteure irgendwann aufhören, der Jugend anzugehören.

Aus diesen Gründen des Kriegerischen, des Männlichen spielten in den Wertevorstellungen vieler "68er" solche Begriffe wie "Mut oder Feigheit" eine besondere Rolle, während sie in bürgerlichen Zivilgesellschaften einen vergleichsweise geringen Stellenwert haben oder auf intellektuelle, sportliche und abstrakte Ebenen beschränkt bleiben und wo sie für Männer und Frauen gleichermaßen gelten. Allenfalls die körperlichen Attacken einiger Radikaler wie Beate Klarsfeld oder der späteren RAF-Frauen wären als Fälle zu nennen, in denen Frauen in stereotypen männlichen Rollen auftraten, um die bürgerliche Umwelt zu provozieren, anzugreifen oder auch zu zerstören. Tapferkeit und Mut sind für kriegerische, kämpferische oder militante Weltbilder auch deshalb wesentliche Bestandteile, weil sie dazu dienen können, gesellschaftliche Differenzierungen wie etwa Klassenunterschiede oder Bildungsgrade einzuebnen. Doch da es sich um stereotype männliche Werte handelt, dient die Demokratisierung oder Aufhebung der Klassenschranken meist nur der männlichen Hälfte der Mitglieder einer solchen Bewegung, oder solchen Frauen, die bereit sind, männliche Werte unkritisch zu übernehmen, um sozialen Gewinn innerhalb ihres Mikrokosmos zu erzielen. Dies war sicherlich auch eine der Motivationen der Terroristinnen: Gewalt erschien als Weg der Befreiung von bürgerlichen Existenzformen.
Hier lassen sich eindeutige Parallelen nicht nur zu den Werten der antidemokratischen Militanten der Weimarer Zeit feststellen, sondern auch zu der Generation von 1914, die in Deutschland den Ausbruch des Krieges als Erlösung von gesellschaftlichen Zwängen und bürgerlichen Rollenbildern verstand. Der Tod als der große Gleichmacher trat an die Stelle des Klassendenkens der Elterngeneration. Für die "68er" ist diese Einstellung offenbar überaus prägend gewesen: Der globale Klassenkampf, das Welt-Vietnam sollte den gefühlten "Muff" der Adenauerzeit ersetzen. Von Ernst Jünger zu Rudi Dutschke, von Nietzsche zu den Apologeten der RAF-Gewalt bestehen ideengeschichtliche Verbindungslinien, wie kommende Forschungsarbeiten etwa auf der Grundlage von linguistischen Untersuchungen zu Vokabular und Diktion mit einiger Wahrscheinlichkeit nachweisen können werden.

In Bezug auf das Thema "Familie" waren die radikalen Vertreter der "68er" nicht weniger zu Experimenten und Risiken bereit als Theoretiker aller anderen totalitären Bewegungen des Zwanzigsten Jahrhunderts. Die Familie als letzter Rückzugsort vor den Zugriffen des Staates oder der Öffentlichkeit, der Bewegung oder der Partei oder der Genossen oder Parteigenossen sollte abgeschafft werden. Hierin gleichen sich

totalitäre Strömungen oft, allein die vorgeschobenen Begründungen unterscheiden sich. Im Fall der radikalen "68er" lautete die Begründung folgendermaßen:
Die Familie mit ihren Abhängigkeiten und ihrer Intimität galt als Keimzelle des Faschismus. Da der Faschismus eine Ausprägung des Kapitalismus ist, und der Kapitalismus auf der bürgerlichen Familie beruht, ist der (bereits bestehende!) Faschismus am besten dadurch zu attackieren, dass die traditionellen Familienverhältnisse aufgehoben werden.
Die frühstalinistische Wohngemeinschaft in der Sowjetunion, Komunalka, die Lager der paramilitärischen Kameradschaften in der Weimarer Zeit, die Frontkameradschaften, die NAPOLA, die Guerilla-Camps – sie alle sind immer wieder als "Familien" beschrieben worden, als Körperschaften mit einer irgendwie besseren Adhesivkraft und tieferer oder sozialerer Bedeutung. Sie alle verbindet die vollkommene Abwesenheit von Rückzugsmöglichkeiten, das Verschwinden des Privaten und das Gefühl der Verbesserung der Lebensumstände aber auch das immer wieder beschriebene Gefühl der Befreiung und der Zugehörigkeit, der Aufstiegschancen und der letztendlichen Gleichheit trotz aller Rangunterschiede, die natürlich Illusion blieb. Immerhin handelte es sich um Gemeinschaften, die sich im Krieg befindlich sahen: Totalitäre Bewegungen fürchten die Kraft der intakten Familie.
Vor allem der spanische Bürgerkrieg hat das Bild dieser gemeinsam kämpfenden und leidenden Kommunen geprägt, Hemingway oder Orwell sind hier als die vielleicht markantesten Vertreter eine Kriegsromantik zu nennen, die nicht zuletzt auch auf Hans Magnus Enzensberger gewirkt haben mag. Sein dokumentarischer Roman "Der kurze Sommer der Anarchie" hat sich als ein überaus einflussreicher Versuch herausgestellt, diesen Mythos des Kampfes in Deutschland erneut populär zu machen. Vor allem ist jedoch zu konstatieren, dass dem Motiv des Untergangs im spanischen Bürgerkrieg, wie er in der Literatur dargestellt wird, eine zentrale Rolle zukommt. Hier bestehen weitere philosophische Verbindungslinien zu den Phantasien Nietzsches und anderer nihilistischer Denker seiner Zeit, als das hysterische Jahrhundert auf seinen ersten Höhepunkt zusteuerte. Der spanische Bürgerkrieg ist zu einer kulturellen Ikone der Verklärung von Widerstand und Tod geworden, auf beiden Seiten, bei den internationalen Brigaden oder anderen Gruppierungen ebenso wie bei ihren Gegnern, den Putschisten.

Die Familie und auch die Ehe müssen, so will es die Logik des Totalitarismus, durch etwas ersetzt werden, dass zwar ähnlichen Halt vermittelt, aber einem neuen Mechanismus folgt: die Kommune. Die Abhängigkeiten innerhalb einer Familie als faschistisch zu bezeichnen, ist keine Beschreibung der Familie als vielmehr ein Versuch, an sich klare theoretische Begriffe durch inflationären Gebrauch zu entleeren, um sie universal anwendbar zu machen. Man muss dazu sagen, dass nicht alle "68er" bereit waren, sich diesem Ideal anzuschließen, Rudi Dutschke oder Bernd Rabehl etwa machten diese Experimente nicht mit.

Sowohl Nationalsozialisten als auch Kommunisten der Weimarer Zeit maßen der Jugendarbeit einen hohen Wert zu. Vor allem aus den Äußerungen solcher Personen wie Baldur von Schirach oder Willy Münzenberg wird deutlich, wie wichtig es den ideologisch geprägten Bewegungen war, die nächste Generation außerhalb der Familie zu halten und die Erziehung des Nachwuchses eben nicht den Eltern zu überlassen, sondern den diversen Parteiorganisationen, Demagogen und Pädagogen. Nur so erklärt sich die lückenlose Erfassung der Jugend vom Kindesalter an bis in die Erwachsenenorganisationen hinein, die alle totalitären Gesellschaften prägt. Die Parallele besteht dabei nicht vorrangig in der organisatorischen Erfassung von Menschen, sondern in der feindlichen Haltung der Familie gegenüber, in der Ablehnung des Privaten, im Hass auf Rückzugs- und Verweigerungsmöglichkeiten des Einzelnen. Der Rückzug ins Private, ein zutiefst bürgerliches Ideal, kann so als spießig und verantwortungslos denunziert werden.

Was die Kinder betrifft, so ist die "Antiautoritäre Erziehung" sicherlich eines der wichtigsten Schlagworte der Sechziger Jahre, die gemeinhin auf A. S. Neill zurückgeführt werden, der den Begriff des "Antiautoritären" jedoch mied. Neills Vorbild war der Pädagoge Homer Lane, der in den Jahren um 1918 mit seinem Konzept eines "Little Commonwealth" für jugendliche Straftäter für Aufsehen sorgte.

Neills Modell "Summerhill" wurde oft gründlich missverstanden, da es sich nicht um eine Schule ohne Regeln, sondern um eine Schule mit selbst gemachten Regeln handelte, wobei gesetzliche Bestimmungen stets höhere Priorität hatten und die selbst gemachten Regeln im Konfliktfall brachen.

Die Problematik Summerhills kommt dann zum Tragen, wenn man nach dem Sinn von Erziehung fragt: Geht es um die Entfaltung der Persönlichkeit möglichst ohne Kompromisse, oder geht es um eine Vorbereitung auf das Leben im ständigen Kompromiss? Zwischen diesen beiden Polen findet ein notwendiger, legitimer und wichtiger Diskurs statt. Doch in den Augen totalitärer Theoretiker hat Erziehung eine andere Rolle, nämlich die Vereinnahmung der nächsten Generation für die jeweiligen Ziele der Ideologie, was nichts anderes ist als die Instrumentalisierung von Kindern zu gegenwärtigen Zwecken.

Auf theoretischer Ebene spielt sich dabei Folgendes ab: Da der Ablauf der Geschichte als gesetzmäßig erkannt worden ist, durch "wissenschaftliche" Methoden das Ziel der menschlichen Geschichte erkannt wurde, weiß man, was zu tun ist, um das Erreichen dieses Ziels zu beschleunigen und man weiß auch, wer diesem Ziel im Weg steht. Deshalb sind diese Kräfte nicht allein Gegner oder Andersdenkende, sondern anti-historische Kräfte, Feinde des Fortschritts und damit auf der Seite der Lüge, der Reaktion, sozusagen des Teufels. Mit Hilfe der Erziehung nun kann der Lauf der Geschichte ebenfalls beschleunigt werden, da es nicht mehr den Kindern überlassen bleibt, sich selbst einen Platz in der Welt zu suchen und sich eventuell feindlichen oder absterbenden Kräften anzuschließen, vielmehr kann aufgrund der fortschrittlichen Theorie ihnen dieser Platz einfach zugewiesen werden, ebenso kann auch der "Irrtum des Individualismus" weitgehend ausgeschlossen werden. Gerade, wenn, wie im Fall 1968, das Private stets auch als politisches Statement aufgefasst wird, geht damit das Private im Öffentlichen auf. Dies ist die logische Antwort auf die Frage, warum 1968 nichts mit dem "Triumph des Individuums" zu tun hatte, wie Eric Hobsbawm meinte. Im Endeffekt gibt es das Private nicht mehr, oder, da man politisch zu sein hat, ist der Versuch, eine Privatsphäre zu errichten oder zu verteidigen nichts anderes als reaktionär.

Wenn das zu überwindende Gesellschaftssystem aufgrund der erkannten Gesetzmäßigkeit der Geschichte bald der Vergangenheit angehören wird, darf man Kinder nicht auf traditionelle Weise erziehen. Man kann auch sagen: Wo immer versucht wird, einen angeblichen "Lauf der Geschichte" zu beschleunigen, muss man mit Vergewaltigungen rechnen, gleich ob es sich um einen Gottesstaat auf Erden, ein Reich oder eine bestimmte Gesellschafts- oder Regierungsform handelt. Das Konzept der antiautoritären Erziehung diente der Generation der APO als Instrument in ihrem Kampf gegen die Eltern, die sich vor der Äußerung solchen Gedanken fürchteten, da sie die entsprechenden Versuche selbst erlebt, betrieben oder erlitten hatten und darüber hinaus ähnliche Vorgänge auf der anderen Seite des Eisernen Vorhanges beobachten konnten. Deshalb muss es auch nicht verwundern, wenn sich A. S. Neill von vielen Erscheinungsformen angeblicher antiautoritärer Erziehung ausdrücklich distanzierte.

Philosophisch reichen die Wurzeln der antiautoritären Erziehung weit zurück in die Zeit der französischen Aufklärung, zu Rousseau. Grundlage seines Denkens war die These, der Mensch werde als vollkommenes Geschöpf Gottes geboren und entwickle sich unter Menschenhand erst negativ. Im Grunde folgt daraus auch die Forderung, alle Erziehung nach dem Prinzip "Kaspar Hauser" anzulegen, doch diese Paradoxie war Rousseau durchaus auch bewusst.

Die "Bewegung Ohnesorg" machte sich solche Gedanken eher nicht. Ihr ging es um den Kampf gegen die "repressive Toleranz des Systems" und leitete daraus ab, dass man Kindern alles erlauben solle, was die eigenen Eltern schockieren würde. Es ging nicht um die Kinder, deren Persönlichkeitsentfaltung oder um deren spätere Stellung in der Welt; es ging um Provokation und Tabubruch. Der Gerechtigkeit halber muss man sagen, dass vermutlich alle Erziehungsmethoden früherer Generationen irgendwann einmal albern und lächerlich erscheinen, bevor sie im Zuge von Renaissancen wieder aufgewärmt werden. Derzeit erleben wir in Deutschland eine erziehungs- und bildungspolitische Gegenbewegung zu den Idealen der "68er", die inhaltlich mit einer gewissen Rückbesinnung auf die Werte der Fünfziger Jahre in Einklang steht. Insbesondere handelt es sich dabei um Äußerlichkeiten wie korrektes Benehmen, Höflichkeit, die von den "68ern" diffamierten, *Sekundärtugenden*, Lerndisziplin und die Rückbesinnung auf die klassischen Fächer.

Zum Schluss sei erwähnt, dass bei A. S. Neill der missionarische Eifer fast gänzlich fehlt. Dieser passte nicht nach Summerhill, wo vielmehr britische Ideale kultiviert wurden, zu denen auch das *understatement* zählt, *fairness*, das Gewährenlassen, also die *non-interference*, aber auch vorgebliche Bescheidenheit und Herunterspielen von eigenen Leistungen. Solche Werte sucht man in den Selbstzeugnissen der deutschen APO und des SDS vergebens. Vielmehr herrscht dort der Wunsch vor, ganz explizit, Menschen *etwas klarzumachen, sie aufzuklären, zu agitieren, die reine Lehre zu verbreiten, Aspekte richtigzustellen, Menschen zu formen...* Dies alles ist zutiefst von dem urdeutschen Wert der Gründlichkeit geprägt und gelangte in Kombination mit einer anderen, häufig anzutreffenden deutschen Eigenschaft, nämlich der Besserwisserei vor allem in Bezug auf die Arbeiterschaft der Bundesrepublik rasch an seine Grenzen. Der Versuch, das Industrieproletariat der Bundesrepublik, das Volk, *aufzuklären*, den Arbeitern etwas über ihre Lage *klarzumachen* und vor allem der Versuch der Extremisten, sich an *die Spitze Bewegung zu stellen* wurde umgehend als das erkannt was er war, nämlich eine Anmaßung und versuchte Bevormundung. Man ist fast versucht, die Tatsache, dass der Attentäter, der Rudi Dutschke niederschoss, Arbeiter war, als Symbol für das ganze Scheitern der "68er" zu nehmen.

2.6 Politische Ziele, Aktionen und Träume

Was hat es mit dem Stichwort von *Flower-Power* auf sich? Wie ist der Umstand zu bewerten, dass die Tatsache der wirtschaftlich-militärischen *Globalisierung*, ein Stichwort der unmittelbaren Nachkriegszeit, von der APO nicht thematisiert wurde? Warum beteiligten sich die "linken" Bewegungen 1968 nicht, wie sie es sonst zu tun pflegen, an den Debatten über die Wirtschaftspolitik? Auch diejenigen politischen Richtungen, die später zumindest in Teilen das Erbe von 1968 antraten, fallen durch eine bemerkenswerte Technikaversion auf. Dazu zählen nicht allein die grün-alternativen Vorstellungen der Siebziger und Achtziger Jahre, sondern auch die Hippies, die Landkommunen, die "Müslis" und andere.

Das Misstrauen gegenüber technischen Neuerungen ist keine Sache des 20. Jahrhunderts, sondern zieht sich als beständige Begleiterin des Erfindergeistes durch die Jahrhunderte. Michael Ley hat diese Denktradition als "apokalyptische Bewegungen in der Moderne" beschrieben, die die Errungenschaften der Moderne mit "apokalyptischem Eifer bekämpften" doch gehen die Wurzeln wesentlich weiter zurück.[18]

Die Linie der Konfrontation sah fast immer gleich aus: Eine neue Technik wird eingeführt und stößt auf entschlossene Gegnerschaft bei einer bestimmten Gruppe. Das Argument lautet stets, dass diese spezielle Neuerung nicht mit früheren Neuerungen vergleichbar sei, und dass es dem Menschen nicht zustehe, in das Werk Gottes, in die Natur, in den Verlauf der Geschichte, kurz in das überpersönliche Wirken der ewigen Kräfte einzugreifen. Die nachfolgenden Generationen jedoch nehmen diese Neuerung bereits als gottgegeben hin und verwenden sie zu ihrem Nutzen oder ihrem Schaden oder zu ihrem Nutzen und zum Schaden anderer. Soziologische Untersuchungen über die beruflichen Karrieren der wichtigsten "68er" werden zeigen, dass die *nicht*-technischen Fächer, vor allem die Pädagogik, klar überwogen, sofern es sich um Akademiker oder Halbakademiker handelte. Ingenieure oder Techniker werden unter den bedeutenden Figuren noch seltener zu finden sein. An der TH Braunschweig, der TH Clausthal-Zellerfeld, der Universität Düsseldorf, der Tierärztlichen Hochschule

Hannover, der Landwirtschaftlichen Hochschule Hohenheim, der TH Karlsruhe, der TH München, der Universität Saarbrücken und der Universität Würzburg kam es im Vergleich zum Otto-Suhr-Institut der FU Berlin so gut wie nicht zu Protesten.
Die romantische Verklärung des Anti-technischen fand ihren modernen Höhepunkt nach 1968 sicherlich in den ersten Jahren noch der Partei der Grünen, also deutlich nach der Zeit, die hier zur Debatte steht; aber die Wurzeln sind unverkennbar. Ebenso unverkennbar ist der Umstand, dass diese geistige Ausrichtung heute kaum noch Vertreter findet – ob zu Recht oder zu Unrecht spielt keine Rolle. Was wir heute als Vorreiter einer neuen gesellschaftlichen Gruppe ab Anfang der Achtziger Jahre ansehen, hatte in der Tat Ursprünge, die bis weit in die Zwischenkriegszeit hineinreichen und ideengeschichtlich teilweise sogar bis auf die frühe Neuzeit und auf Rousseau, der auf seine eigene Art radikal war, zurückgehen. Die Partei der Grünen musste sich erst von diesen extremen Flügeln trennen, um auf allen Ebenen der Repräsentation effektiv arbeits- und später auch regierungsfähig zu werden. Zu diesen Lasten gehörten die "Fundamentalisten" ebenso wie die rechtslastigen "Blut und Boden-Grünen" der ersten Jahre, die zwar ähnlich radikal waren wie die, sich selbst so nennenden, "Fundis", sich jedoch auf ein anderes politisches Erbe stützten, nämlich unter Anderem auf die Tradition der völkischen Naturmenschen der Zwanziger Jahre, wie etwa die "Artamanen", eine rassistisch-autoritäre Jugendorganisation, deren Hauptgedanke darin bestand, die Städte abzuschaffen und in Bauernsiedlungen ein möglichst einfaches und "reines" Leben zu führen.

Die Flucht aufs Land oder in den Wald ist als Jugendmotiv seit der Romantik fest in der deutschen Psyche verankert und deshalb gibt es keinen Grund, dieses Motiv den "68ern" als originären Beitrag zuzumessen. Auch hier stehen die "68er" in einer viel älteren Traditionslinie, die sich vom rechten politischen Rand auf den Weg nach links gemacht hat, dem "Tierschutz" etwa vergleichbar. Wer für sich in Anspruch nimmt, der Erste seiner Gattung zu sein, hat ein stärkeres Recht, Fehler zu begehen, als ein Epigone, der eigentlich aus den Fehlern seines Vorbildes lernen sollte. Daher mussten die "68er" sich selbst als *quasi* per Urknall zustande gekommene, historisch gerechtfertigte Erscheinung betrachten, denn Tradition bedeutet Verantwortung.

---

[18] Ley, Michael. Mythos und Moderne. Über das Verhältnis von Nationalismus und politischen Religionen. Wien 2005.

Seit es die Industrialisierung gibt, bestehen dazu Gegenbewegungen, die mit den verschiedensten politischen Einstellungen kompatibel waren und es bis heute sind. Der wichtige Unterschied besteht jeweils nicht in den Inhalten der Ideologie, sondern in der Frage, ob es sich um eine ideologisch geprägte Gruppe handelt oder nicht. Die häufigste Erwiderung auf diese Beobachtung lautet, dass auch die Abwesenheit von Ideologien eine Art Ideologie sei, doch das ist eine unhaltbare Position: Ideologien sind geschlossene Gedankengebäude, die in der Lage sind, ein widerspruchsfreies System von Argumenten zu entwickeln, um die Kernaussage der Ideologie immer wieder neu zu bekräftigen und jedes auftretende Phänomen sofort im Sinn der Ideologie zu erklären. Der Verzicht auf Ideologie verlangt mehr Mut als die Entscheidung zu einer Ideologie, denn er akzeptiert die Undurchschaubarkeit der Welt und die Tatsache, dass wir nicht wissen, was die Zukunft bringen wird. Ideologien sind Reaktionen, die aus der Angst vor der Welt entstehen.

Die Flucht auf das Land hatte in vielen Fällen auch mit einer Flucht vor der Familie und Flucht vor der Zivilisation als Ganzes zu tun. Der relativ enge Zusammenhalt einer funktionierenden Familie stellt für jedes totalitäre Gedankensystem eine logische und praktische Bedrohung dar, weil innerhalb einer Familie Loyalitäten bestehen, die stärker sein können als die Sogwirkung der politischen Manipulationen von außen. Auf dem Weg zum idealen oder totalen Staat, ob völkisch oder sozialistisch organisiert, sind Familien daher stets Hindernisse. Die Weimarer Radikalen entschieden sich für den Weg, den Familien die Kinder einfach wegzunehmen und sie in den verschiedenen Organisationen entfernt von der Familie unterzubringen. Dies war den "68ern" aus verschiedenen Gründen freilich nicht möglich. Doch die Grundannahme teilten sie, nämlich, dass die Familie im bürgerlichen Sinn der Zukunft im Wege stünde und historisch widerlegt sei. Ihre Antwort lautete: Kommune oder Wohngemeinschaft, bei der die Familie durch Gleichaltrige ersetzt wurde, die Ehe durch Lebensgemeinschaft auf Dauer oder auf Zeit. Dies mag unter anderen Vorzeichen ein an sich wertfreier Vorgang der Entwicklung innerhalb einer Gesellschaft sein, den man als Einzelner begrüßen oder bedauern kann.

Die angebliche Freiheit und Libertinage der "68er" stand in einem inneren Widerspruch befangen, der sehr gut anhand des Beispiels der Kommune 1 aufgezeigt werden kann. Dass es sich bei dieser oder ähnlichen Gruppen nicht um freie und egalitäre, sondern um patriarchalische und damit hierarchische Gruppen gehandelt hat, wird anhand der Rolle deutlich, die Personen wie Dieter Kunzelmann darin spielten - als Nummer eins der *Kommune 1*. Deren Maxime lautete sinngemäß: Jeder kann tun, was er will, solange es unter den Augen aller geschieht. Wahrscheinlich war es so, dass durch die vorgeblich neuen Formen des Zusammenlebens der "68er" etwas wiederbelebt wurde, was die Jugend der Vorkriegszeit auch gekannt hatte: Gruppen, in denen es kaum oder keine Privatsphäre gab, innerhalb derer Revolten gegen das Spießertum als Ventil erwünscht waren und Gruppenmechanismen funktionierten, die den Einzelnen auf mehr oder weniger subtile Weise vollkommen disziplinierten – und zwar je indirekter, psychologischer und moralischer, desto perfider. Schließlich waren diese Gruppen fast durchweg und über politische und andere Grenzen hinaus dadurch gekennzeichnet, dass sie Aspekte der finanziellen Sicherheit ablehnten und durch den Beitritt zu der jeweiligen Gruppe eine neue, bessere Identität zu finden hoffen: ärmer, freier aber auch reiner, und dadurch irgendwie höher, und mit dem wenigstens erträumten Ziel, die bestehende Gesellschaftsordnung zu zerstören oder für die eigene Person zumindest eine Zeit lang außer Kraft zu setzen. Das endgültige Ziel lag jedoch stets in der Zerstörung, Neutralisierung oder Marginalisierung der bürgerlichen Welt via Revolution.

Bereits Richard Wagner hatte nach der misslungenen Märzrevolution ein Programm der Revolution formuliert.[19] Es trägt deutliche Züge der von Marx geprägten Vorstellung von der Entfremdung des Menschen, ein überaus fruchtbares gedankliches Konzept, das sowohl die politisch Rechte aus als auch die Linke inspiriert hat.

> *Zerstören will ich die bestehende Ordnung der Dinge, welche die einige Menschheit in feindliche Völker, in Mächtige und Schwache, in Berechtigte und Rechtlose, in Reiche und Arme theilt, denn sie macht aus Allen nur Unglückliche. Zerstören will ich die Ordnung der Dinge, die Millionen zu Sklaven von Wenigen, und diese Wenigen zu Sklaven ihrer eignen Macht, ihres eignen Reichthumes macht. Zerstören will ich diese Ordnung der Dinge, die den Genuss trennt von der Arbeit, die aus der Arbeit eine Last, aus dem Genusse ein Laster macht, die einen Menschen elend macht durch den Mangel, und den andern durch den Überfluss. Zerstören will ich diese Ordnung der Dinge, welche die Kräfte der Menschen verzehrt im Dienste der Herrschaft der Todten, des leblosen Stoffes, welche die Hälfte der Menschen in Thatlosigkeit oder nutzloser Thätigkeit erhält, die Hunderttausende zwingt, ihre kräftige Jugend in geschäftigem*

Müssiggange als Soldaten, Beamte, Spekulanten und Geldfabrikanten der Erhaltung dieser verworfenen Zustände zu weihen, während die andere Hälfte durch übermäßige Anstrengung ihrer Kräfte und Aufopferung jedes Lebensgenusses das ganze Schandgebäude erhalten muss.

Fragt man sich nun, warum die "68er" sich nicht auf Wagner beriefen, wohl aber auf Marx, wo doch die Parallelen so überaus auffällig sind, dann lautet die Antwort: Weil Wagner, vor allem als Komponist, von der älteren Generation derart in Beschlag genommen worden war, dass er nicht für die Zwecke der Studentenbewegung instrumentalisiert werden konnte. Es mussten solche Namen verwendet werden, die bei den bürgerlichen Schichten Unruhe erzeugen konnten, und dazu taugte der Name Wagners nicht (mehr). Dabei stand Wagner seinem Zeitgenossen Marx in nichts nach, wenn es um die Darstellung der Notwendigkeit einer Revolution ging. In "Der Mensch und die bevorstehende Revolution" schrieb Wagner im gleichen Jahr:

Diese letzten Kämpfe [...] *sind nichts weiter denn die Todeszuckungen eines Körpers, dem der Geist, das Leben bereits entschwunden, sie sind nichts weiter denn die letzten Nebeldünste der Nacht, welche die aufgehende Sonne vor sich hertreibt. Nicht dem im Todeskrampfe bewusstlos um sich schlagenden Leichname, nicht jenem Überreste der Finsternis gilt der Kampf unserer Zeit, ob auch der Schwachnervige vor dem Toben des Ersteren erschrickt, ob auch das Auge des Blödsichtigen die dichtgeballten Nebel nicht zu durchdringen vermag; wir wissen, dass der heftigste Krampf - der Todeskrampf ist, wir wissen, dass wenn am schwersten die Morgennebel sich auf uns herabsenken, ein um so hellerer Tag folgt.*

Zerstörungswut, Aggression, Geschrei, hysterische Massenauftritte und symbolische Hinrichtungen, Verbrennungen und Gewaltandrohungen sind Aspekte, die gleichermaßen auf die Aktionen der radikalen Jugendgruppen der Weimarer Zeit sowie auf die "68er" zutreffen. Diese Parallelen gehen bis hinunter auf die Ebene der Körpersprache. Sicher, die Slogans unterschieden sich, auch die Feindbilder waren nicht durchgängig konstant, wenn man einmal von dem fast durchweg auftretenden Anti-

---

[19] Richard Wagner. Die Revolution. Gedruckt in Volksblätter Nr. 14, Dresden, am Sonntag, dem 8. April, 1849.

semitismus und Antiamerikanismus absieht, aber die Geisteshaltung, die dem Agitieren zu Grunde lag, ähnelte sich auf verdächtige Weise: die positive Besetzung von Gewaltvokabular, die Umdeutung von Terror in Notwendigkeit und die Missachtung der Menschenwürde von politischen Gegnern. "Zwei, drei, viele Vietnamkriege"; "Macht kaputt, was euch kaputt macht"; "High sein, frei sein, Terror muss dabei sein"; sind nur einige der Slogans, die häufig wiederholt wurden und ein Lebensgefühl beschreiben, das weder mit Humanismus, noch mit irgendwelchen Moralvorstellungen einer beliebigen Religion, noch mit anderen, weltlich-ethischen Wertesystemen zu tun hat, wie sie seit Jahrtausenden ihren Sinn bewiesen haben. In den Worten Theodor W. Adornos an Herbert Marcuse liest sich das so:

> *Die Gefahr des Umschlags der Studentenbewegung in Faschismus nehme ich viel schwerer als Du... Du müsstest nur einmal in die manisch erstarrten Augen derjenigen sehen, die womöglich unter Berufung auf uns selbst, ihre Wut gegen uns kehren.*

Es ging deshalb nicht um Befreiung und Hinwendung zum Besseren, wenn die "Antiautoritären" bei einem ihrer Auftritte in Berlin 1967 Pappköpfe von Walter Ulbricht und dem amerikanischen Präsident Johnson verbrannten, zusammen mit den Fahnen verschiedener Länder und einem gestohlenen Weihnachtsbaum. Die "Autoritäten" auf der anderen Seite, vertreten durch die Polizei, ließen sich provozieren und das Ergebnis war eine Brutalisierung des Konflikts, von der die Aktivisten sicherlich profitierten, denn die Gewalt des unterdrückerischen "Systems" aufzuzeigen, ist Kernpunkt aller Propaganda.

Die Forderungen der "68er" glichen auch hier in vielerlei Hinsicht jenen der Weimarer Radikalen: Die Vorstellungen beider waren von tiefer Ignoranz der wahren Machtverhältnisse im Staat und der internationalen Zusammenhänge geprägt. Dafür umso stärker von idealistischen Gedankengebäuden in der Tradition Schopenhauers, Wagners, Nietzsches und anderer Denker des Neunzehnten Jahrhunderts. Es lag ferner im gruppenspezifischen Machtinteresse, diese realweltlichen Zusammenhänge weitgehend auszublenden, um die Schockwirkung auf die Elterngeneration zu erhöhen. Zu diesen Schockversuchen gehörten 1968 ganz bewusste Rückgriffe auf die Weimarer Zeit, wenn etwa das Germanistische Seminar an der FU Berlin in Rosa-Luxemburg-Institut umbenannt wurde und das Otto-Suhr-Institut in Karl-Liebknecht-Institut. Zwei Namen aus einer alptraumhaften Phase der deutschen Geschichte, einer

Zeit der politischen Morde, des Bürgerkriegs, des Zusammenbruchs und der Verfassungslosigkeit, an die man nicht erinnert werden wollte.

Das Deutsche Reich war 1926 in den Völkerbund aufgenommen worden und hatte ihn 1933 nach einem Plebiszit wieder verlassen. Dieser Schritt bedeutete für Deutschland einen enormen Verlust an internationaler Glaubwürdigkeit und eine Verschärfung des Misstrauens der Nachbarn, die immer noch im Begriff standen, sich von Kriegsgegnern des Ersten Weltkriegs in vorsichtige Partner eines unsicheren Friedens zu verwandeln. Dieses Lavieren zwischen Ost und West oder zwischen Westen und Sonderweg kennzeichnete nicht nur die Ideen eines Jakob Kaiser, sondern war in vielen politischen Strömungen anzutreffen. Kaum eine Forderung aus der deutschen Politik war mehr geeignet, die Nachbarn zu irritieren als der Ruf danach, Bündnisse zu verlassen, fast gleichgültig, um welche Bündnisse es sich handelte.
Eine der Forderungen der APO aus dem Jahr 1968 lautete darauf, die Bundesrepublik müsse so schnell wie möglich aus der NATO austreten. Die Motivation war klar: Deutschland sollte sich nicht im Rahmen von imperialistischen Angriffskriegen an der Unterdrückung von Völkern der Dritten Welt beteiligten. Doch der Vietnamkrieg war keine NATO-Angelegenheit. Die "68er" ignorierten die Tatsache, dass nicht die Mitgliedschaft Deutschlands in der NATO eine Kontinuität der Vorkriegszeit war, sondern der Austritt aus den NATO Kontinuität gewesen wäre – ein erneuter Versuch Deutschlands, das westeuropäische System der sich gegenseitig unterstützenden und gleichzeitig kontrollierenden demokratischen Marktwirtschaften zu verlassen und eigene Wege zu gehen. Wie profund diese Fehleinschätzung war, lässt sich anhand der französischen und britischen Reaktionen auf die sich 1989 anbahnende deutsche Wiedervereinigung ganz klar aufzeigen. Selbst über 40 Jahre nach Kriegsende war das Misstrauen gegenüber Deutschlands potentieller Macht so groß, dass die europäischen Hauptpartner Deutschlands, allen voran die beiden Regierungschefs Margaret Thatcher und Francois Mitterrand nur mit erheblichem Aufwand beruhigt und gewonnen werden konnten.

Fanatismus und naiver Glaube an politische Axiome, gleich wie stark diese in inneren, logischen Widersprüchen befangen sein mögen, ist ein Zeichen von totalitärer Geisteshaltung, die ja nötig ist, um zum Umsturz all dessen bereit zu sein, was die Gegenwart darstellt. APO und SDS waren nicht nur "kritisch" gegenüber der liberalen Grundordnung des Westens, sie waren grundsätzliche Gegner dieser Ordnung. Sie waren nicht nur "skeptisch" gegenüber den Werten der eigenen Kultur, sondern grundsätzliche Gegner dieser Werte, und diese Gegnerschaft wurde mit einer derartig fest-naiven Überzeugung vorgetragen, wie sie bei vielen Fanatikern über die Jahrhunderte hinweg zu beobachten ist. Ein Fanatiker ist, so lautet eine bekannte Definition von Georg Christoph Lichtenberg, *ein Mensch, der zu allem fähig ist, aber zu sonst nichts.*

Einige Akteure erfuhren den Hass, den sie selbst gesät hatten persönlich, etwa in einem Vorfall in der Berliner Gedächtniskirche, als Rudi Dutschke versuchte, einen Weihnachtsgottesdienst zu unterbrechen und statt des Festes der Liebe eine Diskussion über den Vietnamkrieg zu eröffnen. Das Resultat war wenig christlich: Einer der Besucher schlug Dutschke nieder und verletzte ihn dabei. Was wäre demselben Gottesdienstbesucher wohl passiert, wenn er eine Versammlung des SDS gestört hätte, indem er zu einem Gottesdienst aufgerufen hätte? Vermutlich Ähnliches, und auch in diesem Fall hätte man sich über das Ergebnis nicht wundern müssen. Heute ist indessen die Abwesenheit solcher Vorgänge bemerkenswert. Sicher ist, dass sich die Umgangsformen innerhalb von politischen Konflikten massiv verändert haben, und dass Gewalt zunehmend nicht mehr als legitimes Mittel politischer Auseinandersetzung betrachtet wird, sondern als juristisch relevantes Vergehen. Die Erben jener Jahre und der Zeit davor, also des hysterischen Jahrhunderts, sind die Täter rassistischer Angriffe, die davon überzeugt sind, dass "Ausländerhass" ein zu rechtfertigendes Motiv für Gewalt sein könne. In der Tat jedoch ist Hass keine Rechtfertigung für Gewalt, allenfalls ein Umstand, der die Schuld noch vergrößert. Der wirkliche Grund für die Anwendung von Gewalt ist Angst vor der Vielfalt der Welt.

Rudi Dutschke vertrat keine Außenseiterposition, wenn er forderte, der "Widerstand der Bewegung" müsse die Spielregeln des herrschenden Systems verletzen und dadurch untergraben, um es zu zerstören. Der Ansatzpunkt der Revolution bestand für ihn in den "Knotenpunkten des Systems", also in den Verfassungsorganen, den Ämtern, dem Parlament und den Gerichtsgebäuden, den Rundfunkhäusern, den Amerikahäusern, den entsprechenden internationalen Botschaften... Carlo Schmid beschrieb diesen Umstand der Ignoranz in seinen Erinnerungen folgendermaßen:

> *Die Mehrheit der Delegierten des SDS ließ erkennen, dass ihr an Informationen nichts gelegen war ... Was eine Sachdiskussion hätte werden sollen und können, sollte zu einem Scherbengericht umfunktioniert werden, in dem Beschimpfungen an die Stelle von Argumenten traten.*

Aus welchem Blickwinkel erklärt sich die Überzeugung Dutschkes, dass all diese Organisationen zu einem einzigen großen Ganzen gehören? Welche Maßstäbe muss man anlegen, um zu verstehen, wieso diese durchaus verschiedenen und konträren Teile der Gesellschaft einer einzigen Kategorie zuzuordnen sind? Die Antwort lautet: Es war der Kampf einer erwachsen-werden-wollenden Jugend gegen eine ältere Generation, die Schlüsselpositionen besetzt hielt und dadurch verhinderte, dass diese Jugend in eben jene Stellen aufrückte. Denn die jungen Akademiker strebten in typische Akademikerberufe und gerade hier hatte sich die NSDAP mit ihren Organisationen besonders tief verankert: Beamtenschaft, Verwaltung, Justiz, Hochschulen, Schulen, etc. Die Prominenz dieser "alten Nazis", der Mitläufer, der Profiteure und Opportunisten wurde zu recht sehr deutlich und sensibel wahrgenommen. Aber nicht nur die ehemaligen Nazis, auch die anderen Silberrücken aus der Zeit davor erfuhren das Misstrauen der Jugend, und sie verdienten es auch:

Konrad Adenauer hatte bekanntlich Versuche unternommen, das ZDF in einen regierungsnahen Sender zu verwandeln, doch Gerichte stoppten diesen Versuch. Es war nicht zu rechtfertigen, dass ein Mann wie Oberländer Minister für Vertriebenenfragen werden konnte; seine frühere Rolle war bekannt. Es war mehr als bedenklich, wenn ein politisch untragbarer Mann wie Hans Globke ins Kanzleramt einzog; gleichzeitig, und das musste verwirren und Gedanken an eine Verschwörung nahe legen, fand eine solide Wiedergutmachungspolitik mit Israel statt, die von einem Globke zuvor so sicher nicht betrieben worden wäre. Die Grundaussage dieser sich widersprechenden Vorgänge, alte Nazis im Dienst der demokratischen Bundesrepublik Deutschland und im Auftrag der Wiedergutmachung, war: Etwas stimmte da nicht, vor allem aus der Sicht der studentischen Jugend, und gerade dies machte deren Emanzipation von der Elterngeneration absolut notwendig und auch sinnvoll. Doch leider führte der Weg, den der Widerstand, die Revolte fand nicht weg von den Denkstrukturen der Eltern, sondern zurück und tiefer hinein in Reaktionsweisen des *hysterischen Jahrhunderts*. Daher kann man der Generation der "68er" den Vorwurf nicht ersparen, das, was sie vorgeblich bekämpften, auf anderem Niveau weiter kultiviert zu haben. Auf der anderen Seite hatten sie kaum eine andere Wahl. Sie mussten zu diesen radikalen Verhaltensmustern greifen, wenn sie die Elterngeneration treffen wollten, denn Mäßigung, Mitte, Anstand waren Lieblingstugenden der Fünfziger Jahre und bereits von den Eltern als Wert besetzt. "Opposition" heißt "dagegen sein", und so musste die Wahl der rebellierenden Jugend auf den Radikalismus fallen, und damit luden sie mehr oder weniger bewusst eine gewisse Schuld auf sich. Nur dieser Umstand erklärt die massive Energie, mit der die Selbst-Mythologisierung in den Folgejahren betrieben wurde. Die "68er" waren zu weiten Teilen aus eben diesen Gründen nicht bereit, sich mit den tatsächlichen Umständen der Verfassung und Wirklichkeit der Bundesrepublik auf intellektuell anspruchsvolle Weise auseinanderzusetzen. Diejenigen, die es schließlich taten, wenn sie etwa in späteren Jahren politisch Karriere machten, sahen sich nicht selten dem Vorwurf ausgesetzt, die Ideale von damals "verraten" zu haben, als sie Nadelstreifen anstelle von Jeanshosen zu tragen begannen. Dergleichen wurde etwa gegenüber Joseph "Joschka" Fischer geäußert, als er nach einer gewissermaßen abwechslungsreichen und bemerkenswerten Laufbahn schließlich Bundesaußenminister geworden war. Tatsächlich jedoch handelt es sich diesem wie in vielen anderen, weniger Aufsehen erregenden Fällen um mehr oder weniger normale Lernprozesse innerhalb eines Lebenslaufes. Das zugrunde liegende philosophische Problem ist, wer wen des Verrats an "früheren" Werten moralisch gerechtfertigt beschuldigen darf und unter welchen Bedingungen dies möglich ist.

2.7 Die Studentenbewegung und der Sinn für Humor

Es gehört zu den dauerhaften Mythen über die "68er-Zeit", dass es sich dabei um eine "spaßige Revolte" gehandelt habe. Nun muss man sich fragen, was das bedeuten soll, und man wird vielleicht zu der Antwort kommen, dass viele der Protestformen, wie sie von APO und SDS gepflegt wurden, irgendwie mit Spaß verbunden gewesen seien. Die Frage ist: lustig oder spaßig für wen?

Diskussionen über den Spaß bringen die Schwierigkeit mit sich, dass verschiedene Begriffe wie eben Spaß, Freude, Humor, etc. vorhanden sind, die durchaus verschieden eingesetzt werden können und je nach Perspektive auch eingesetzt werden.

Die Fähigkeit, "Spaß haben" zu können, hat nichts unmittelbar mit Sinn für Humor zu tun. Wer über das übertrieben dargestellte Unglück anderer lachen kann, wie etwa bei den Auseinandersetzungen zwischen *Tom und Jerry*, ist noch nicht deswegen humorvoll, auch wenn es lustig oder spaßig ist, diese Situationen zu verfolgen. Die sublimierte oder ausdrückliche Schadenfreude, die Beobachtung des Erleidens ist ein integraler Bestandteil aller Situationen, bei denen Zuschauer die Handlungen eines Akteurs verfolgen.

Humor dagegen, so kann man es sehen, hat mit einem Gefühl für die inneren Verhältnisse in der Welt zu tun, mit Mitgefühl, Resignation, Mitleid und Selbstironie. Humor ist verbunden mit einem Gefühl der eigenen Machtlosigkeit oder der eigenen Lächerlichkeit. Spaß ist in diesem Sinn das Gegenteil, und so ist es nicht verwunderlich, wenn sich im Zuge der Studentenbewegung eine "Spaßguerilla" gründete, denn das Wort "Humorguerilla" hätte keinen Sinn ergeben.
Als "spaßig" wurde von bestimmten Seiten im Jahr 1969 vielleicht das empfunden, was als "Busenattacke" in die Geschichte des *Mobbing* eingegangen ist. Eine Gruppe von Studentinnen bedrängte mit entblößtem Oberkörper den sensiblen oder vielleicht auch einfach nur verklemmten Akademiker Theodor W. Adorno derart, dass er fluchtartig und zutiefst schockiert den Saal verließ, in dem der Vorfall stattgefunden hatte. Einige Wochen darauf starb Adorno, wobei ein medizinischer Zusammenhang mit dem Angriff, den er ohne Frage als Vergewaltigung empfunden haben wird, nicht eindeutig feststeht. Sicher ist nur, dass die Attacke Adorno zutiefst verstörte.
Kurz nach seinem Ende erschien einer seiner Texte in der ZEIT vom 15. August 1969. Darin heißt es:

> *Der Einzelne soll sich ans Kollektiv preisgeben. Zum Lohn dafür, dass er in den Melting Pot springt, wird ihm die Gnadenwahl der Zugehörigkeit verheißen. Schwache, Verängstigte fühlen sich stark, wenn sie rennend sich an den Händen halten. Das ist der reale Umschlagspunkt in Irrationalismus. Anstatt auf Argumente stößt man auf standardisierte Parolen, die offensichtlich von Führern und ihrem Anhang ausgegeben sind.*

Nun ist diese Kritik derart treffend, dass man sich nicht wundern muss, wenn ein Autor solcher Gedanken in das Fadenkreuz der Militanten geraten war. Deren Überlegung lautete ganz ohne Zweifel: Wie kann man einen Menschen maximal provozieren und treffen? Die Form der Attacke war bewusst gewählt und auf die Schwäche des Opfers, seine Verklemmung und Dünnhäutigkeit, zugeschnitten. Humor bedeutet: jeder lacht; Spaß bedeutet: Alle lachen – außer einem.

Das so genannte "Pudding"-Attentat" stellt eine weitere der besonderen Legenden dar. Dabei ging es um folgendes: Der amerikanische Vize-Präsident Humphrey besuchte Deutschland und die Ankündigung kursierte, die "Kommunarden" planten ein Attentat mit Mehl- und Puddingwürfen, doch niemand wusste, was tatsächlich ge-

worfen werden würde. Daher wurden die "Kommunarden" in polizeilichen Gewahrsam genommen, aus dem sie jedoch schon am nächsten Tag frei gelassen wurden. In den Augen der linken Öffentlichkeit hatten sich die Behörden blamiert, doch in Wahrheit verhielt es sich so, dass aufgrund einer Warnung vor einem potentiellen, vielleicht sogar "terroristischen" Anschlag angemessen gehandelt wurde und zwar nach geltendem Recht. Man kann sich vorstellen, was passiert wäre, wenn tatsächlich ein Attentat stattgefunden hätte oder eines, bei dem mit anderen Dingen geworfen worden wäre, zum Beispiel mit einem Stein oder schlimmerem und die Polizei trotz Warnung nichts unternommen hätte.
Heute geht man davon aus, dass die "Kommunarden", aus welchen Gründen auch immer, keinen "echten" Anschlag im Sinne einer Körperverletzung oder Tötung planten. Diese Kenntnis besaßen die Behörden damals jedoch nicht. Immerhin hatten nur wenige Jahre zuvor Präsident Kennedy und mehrere andere amerikanische Politiker ihr Leben bei Attentaten verloren. Da die Sprache der "68er" stets überaus gewaltgetränkt war, musste es nicht verwundern, wenn man sie ernst nahm.
Die Ankündigung einer herabwürdigenden Handlung, einer bewussten emotionalen Erniedrigung durch körperliche Angriffe, zu der kein Demokrat bereit wäre, gehört nicht in die Kategorie "Humor", sondern in die Kategorie "Schadenfreude", "Bosheit" und Spiel mit realen Ängsten. Während es Spaß macht, zu sehen, wie Slapstickfiguren in Filmen Pannen erleiden, die im richtigen Leben äußerst schmerzhaft sind, gehören reale Unfälle und Äußerungen von realer Todesangst bei Dritten für gesunde Menschen nicht zu den Dingen, die Heiterkeit hervorrufen, sondern Ekel. Es ist weiterhin keine Frage der politisch-sozialen oder kulturellen Gruppenzugehörigkeit, sondern der Solidarität, die zwischen allem, was Menschlich ist, besteht. Der totalitäre "Sinn für Humor" nimmt hier Ausnahmen vor. Es bestehen in dieser Wahrnehmungsweise Gruppen, die vermeintlich oder tatsächlich mit dem Tod oder mit Verletzung, Erniedrigung oder Verächtlichmachung bedroht werden dürfen.
Eine Ausnahme ist hier wieder Rudi Dutschke: Nachdem er selbst Opfer eines Attentats geworden war, änderte er seine Meinung. Nach den Schüssen wandte er sich von der Vorstellung ab, individueller Terror sei zu rechtfertigen; Dutschke bezeichnete derartige Aktionen seit dem Anschlag auf sich selbst als "antihumanistisch".

Lustig im Sinn von Spaß werden solche Dinge nur dann, wenn man einen grundlegenden Unterschied zwischen "Wir und Ihr" macht und dabei den Anspruch auf Menschlichkeit nur der eigenen Gruppe, sich selbst vorbehält. Dies wiederum ist ein

Kennzeichen der Radikalen. Die politischen Unterschiede stehen so sehr im Vordergrund, dass die Menschlichkeit, die *humanitas*, als verbindendes Element nicht mehr wahrgenommen wird. Aus diesem Grund gehört es zum liberalen Weltbild, sowohl die Todesstrafe als auch die Folter abzulehnen, egal um welchen Verurteilten es sich handelt. Aus diesem Grund werden in liberalen Systemen selbst verurteilte Kriegsverbrecher und überführte Massenmörder weder angebrüllt noch körperlich misshandelt. Die Quellen aus der Studentenbewegung sprechen da eine ganz andere Sprache. Durch die Einstellung jedoch, dass das Private politisch sei, konnte, wenn auch meist nur in Gedanken, leicht eine Grenze überschritten werden: Die Unantastbarkeit der Menschenwürde. So sehr politische Gegnerschaft sich zuspitzen kann und in echte Feindschaften zu münden vermag, ist es dennoch immer ein Zeichen funktionierender demokratischer Umgangsformen, wenn das Private und das Körperliche eben nicht mit einbezogen werden und stets die Unterscheidung zwischen Recht und Rache gemacht wird. Humor im eigentlichen, menschlichen Sinn war daher in allen totalitären Systemen stets unerwünscht, weil er das Mitleid mit dem anderen Geschöpf thematisiert, das eigene Heldentum dekonstruiert, und die Solidarität der vernunftbegabten Wesen in den Vordergrund stellt. Im Gegenteil: erwünscht war der Ausschluss des politischen Feindes aus der Gruppe der Menschen. Derartige Versuche lassen sich für alle Diktaturen und totalitären Systeme nachweisen und sind geradezu ein Kennzeichen dafür.
Drei Namen stehen mit dem Thema "Humor und 1968" im weitesten Sinn in Verbindung. Das erste Beispiel findet sich in der Person Fritz Teufels, der sich als einer der wenigen "68er" fast durchgängig gegen die ansonsten übliche Mythologisierung gewehrt hat. Sein berühmt gewordener Ausspruch "Wenn's der Wahrheitsfindung dient" ist als glorreicher Höhepunkt in der ansonsten relativ schwach entwickelten Geschichte deutscher Respektlosigkeiten gegen Autoritäten zu bezeichnen, als eine Sternstunde der Gelassenheit, die bis heute Anerkennung verdient.

Zweitens, als ein Gegenteil dazu, ist Beate Klarsfeld zu nennen, die dem damaligen Bundeskanzler Kurt Georg Kiesinger ins Gesicht schlug, um die Öffentlichkeit auf ihre Überzeugung aufmerksam zu machen, dass Kiesinger ein Nazi sei. Interessanterweise verlieh sie ihrer Überzeugung mit französischen Worten Ausdruck. Nietzsche hätte dies als einen Versuch der "Selbst-Entdeutschung" gewertet. Aktionen dieser Art kann man auf zweierlei Weise betrachten: Erstens als hysterischen Versuch einer einzelnen Person, gegen vermeintlich übermächtige Autoritäten ein Ziel zu erreichen, von dem man überzeugt ist, dass es auf keine andere Art erreicht werden könne. Als einen weiteren Fall einer Person, die "ein Zeichen" setzen will und zu Mitteln greift, die nicht zu rechtfertigen sind. Zweitens kann man es als einen tätlichen Angriff auf eine fremde Person betrachten, der in erster Linie nicht eine Aussage über Kiesinger war, sondern eine Aussage über Klarsfeld und ihre Werte.

Drittens: Als vor einigen Jahren einer der Hauptakteure von 1968 und ehemaliger Weggenosse von Rudi Dutschke, Bernd Rabehl, an der FU Berlin eine Veranstaltung abhalten wollte, um mit Studenten über die von ihm konstatierte "Nostalgie der 68er" zu diskutieren, kam es zu einem Eklat. Rabehl hatte schon seit längerer Zeit als Verräter an den Idealen von 1968 gegolten, weil er sich als Neo-Nationalist ge*outet* hatte, der die deutsche Einwanderungspolitik demagogisch thematisierte und sich polemisch mit Fragen der "multikulturellen Gesellschaft" auseinandersetzte. Seine primäre These lautete, dass die Revolution von 1968 gescheitert sei, weil es ihr an nationalen Idealen gefehlt habe. Damit stand er im Übrigen konform mit der damaligen Position Rudi Dutschkes, was ihm von der Zuhörerschaft der FU besonders übel genommen wurde.
Dutschke und er hätten, so Rabehl, in den Jahren um und vor 1968 den Volksaufstand vom 17. Juni in der DDR zum Vorbild gehabt, der bekanntlich ebenfalls deutlich nationale Züge getragen hatte und sich dadurch automatisch gegen das sozialistische Weltbild der DDR-Ideologen gerichtet hatte. Diese Sicht habe Rabehl mit Dutschke und Horst Mahler damals schon geteilt, was er schließlich mit zahlreichen Belegen untermauerte. Was auch immer man von Rabehls Thesen halten will, ob man sie für abscheulich, paranoid rassistisch, rechtsextrem oder neo-nationalistisch hält, wie Hajo Funke, oder wie es auf zahlreichen Flugblättern[20] geschah, die am Otto-Suhr-Institut kursierten, oder ob man sich einfach von seinen Positionen distanzierte, wie Michael Baumann, Christian Ströbele oder Gretchen Dutschke - das spielt im Grunde für die Zwecke dieser Darstellung keine große Rolle. Wichtig ist, was dann geschah: Gegen Rabehl wurde mobilisiert. Eine seiner Lehrveranstaltungen wurde im Stil von 1968 gesprengt und Aktivisten versuchten, den Mann gewaltsam in ein Stofftransparent einzuwickeln, auf dem eine politische Parole aufgeschrieben war. Wie immer man die politischen Positionen eines Bernd Rabehl einschätzen mag, *Mobbing* und körperliche Gewalt anzuwenden ist die Überschreitung einer entscheidenden Grenze.

[20] Nach: www.polwiss.fu-berlin.de/fsi/bernie/rrfunke.htm

Vor diesem Hintergrund erscheint die nostalgische Behauptung, dass die Bewegung von 1968 für eine zweite, demokratischere Staatsgründung gesorgt habe, als nicht plausibel. Künftige Untersuchungen des Phänomens 1968 nach kulturgeschichtlichen Gesichtspunkten werden konstatieren, dass viele Aktionen von 1968 auch durchaus den Charakter von Hexenjagden annehmen konnten, und dass sie sich des Repertoires autoritärer Gesellschaften mehr oder minder bewusst bedienten. Der Stil der APO des Jahres 1968 hat sich in Bezug auf die Bundesrepublik Deutschland nicht durchgesetzt, sondern der Stil, der auf sie reagierenden gemäßigten Teile der Gesellschaft, die nicht so sein wollte wie die Radikalen. Daher kann man dafür argumentieren, dass die Studentenbewegung allenfalls *ex negativo* heraus eine positive Wirkung auf die Umgangsformen hatte.

2.8 Real-existierender Sozialismus und Hochschule

Die APO stellte hinsichtlich ihrer Haltung zur DDR keine Ausnahme in der politischen Landschaft der Bundesrepublik dar; man interessierte sich allgemein kaum oder nur wenig für den Staat der SED, und das hatte seine Gründe darin, dass die Wiedervereinigung offizielles Staatsziel der Bundesrepublik war und allein schon deshalb von der APO kritisch wahrgenommen werden musste. Doch auch hier erweist sich das Bild der politischen Positionen innerhalb der APO als überaus unübersichtlich.
Als Ausnahmen sind hier erneut die Namen von Rudi Dutschke oder Bernd Rabehl zu nennen, solcher Leute, die aus der sowjetischen Besatzungszone kommend in die Trizone, beziehungsweise die spätere Bundesrepublik geflohen waren und nationale oder auch nationalistische Sichtweisen auf die "Deutsche Frage" stets beibehielten. Es gehört vermutlich zu den großen Missverständnissen über Rudi Dutschke: Er war ein Nationalist, der die Zukunft Deutschlands in einer nationalen Räterepublik sah. Zu diesem Ergebnis werden politologische Untersuchungen in aller Ausführlichkeit kommen, die sich mit dem Verhältnis der APO zur Deutschlandfrage oder mit den deutschlandpolitischen Positionen ihrer Vertreter befassen werden.
Stefan Wolle[21] hat die ostdeutsche Perspektive auf die APO mit den Worten geschildert, dass ihm die Besuche der Westberliner Studenten damals vorkamen, wie Besuche von aufgeregten Kindern, die von ihren Spielen im Sandkasten erzählen, die von

"Konsumterror" und "Bullenschweinen" berichteten und davon, dass die DDR historisch weiter vorangeschritten sei. Kein Wunder, dass die Stasi, die es besser wusste, sehr schnell misstrauisch wurde, was den Kontakt von West- und Ostdeutschen betraf.

"Die Stasi und die APO" ist ein Themenfeld, über das die Forschung noch zu wenig weiß. Es ist jedoch nicht sehr plausibel, etwa im Rahmen einer Verschwörungstheorie davon auszugehen, dass die Bewegung dieser Jahre regelrecht von der Stasi gelenkt worden sei, obwohl derartige Versuche sicher unternommen worden sind. Es gab zwar Informanten und Inoffizielle Mitarbeiter, doch welche Rolle spielten sie und welchen Gewinn trug die Stasi von dem überbrachten Material davon? Die Perversion der Stasi lag darin, dass ihre vielfältigen Versuche, den geschichtlichen Fortschritt im Sinne des historischen Materialismus zu beschleunigen, auf allen Gebieten letztlich nichts erbracht haben als Leid und Angst.

Doch nicht nur die Stasi, auch die SEW war in Westberlin aktiv, der westdeutsche Arm der SED, dessen Mitgliedszahlen in den Jahren zwischen 1969 und 1975 von rund zwanzig Personen auf über 500 anwuchs, darunter viele Mitglieder der Freien Universität. Jochen Staadt hat in seinen Publikationen eine entsprechende Vergangenheitsbewältigung gefordert und auf den Umstand aufmerksam gemacht, dass die Forschung bislang allein auf zufällige Aktenfunde angewiesen ist. Keines der früheren SEW-Mitglieder habe sich der Diskussion gestellt, was ohne weiteres möglich wäre, denn die Mitgliedschaft in der SEW stand nicht unter Strafe. Es sieht so aus, als seien viele der damaligen Mitglieder nicht bereit, über die eigene Vergangenheit Auskunft zu geben. Es wären nicht die ersten Mitglieder einer totalitären Bewegung in Deutschland, die sich der notwendigen Aufarbeitung der Vergangenheit verweigern, indem sie schweigen.

Der Stasi fiel es schwer, in der Studentenbewegung Fuß zu fassen, denn das MfS hatte handfeste Aufgaben zu verteilen, die jedoch nicht mit dem bohèmehaften Ideal der APO vereinbar waren. Das Abstraktionsniveau der Stasi war, gemessen an dem intellektuellen Potential dieser Institution, nicht allzu hoch, und deswegen kamen die beiden, Stasi und APO, nicht zusammen. Aus Sicht der Stasi waren die "68er" im Westen nichts anderes als ein Mittel zur Destabilisierung des feindlichen, faschistisch-imperialistischen Systems, doch im eigenen Land wollte man dergleichen auf keinen

[21] Wolle, Stefan. Aus Politik und Zeitgeschichte (B 22-23/2001). Die versäumte Revolte: Die DDR und das Jahr 1968.

Fall haben. Der entscheidende Umstand ist der, dass man diese zwiespältige Haltung gegenüber der Studentenbewegung sogar theoretisch fundiert erklären konnte: Da sich die DDR auf dem historisch-materialistischen Weg aller Gesellschaften in den Kommunismus hinein bereits auf einer fortgeschrittenen Stufe befand, die reaktionäre Bundesrepublik aber nicht, waren Bewegungen wie die der "68er" für die Bundesrepublik fortschrittlich, aber für die DDR bereits schon wieder rückschrittlich.
Das "imperialistische Ausland" sahen beide ähnlich. Die Parole "USA-SA-SS" macht deutlich, wie propagandahaft dieser Amoklauf durch den gesunden Menschenverstand tatsächlich war. Amerika hatte aber auch Vorbildcharakter, was die Protestformen betrifft, die fast alle ihre englischen Namen beibehielten: *Sit-in, Teach-in, Smoke-in, Love-in*, aber auch die große Demonstration der bewusst gewählten "Barbarei" von Woodstock, bei der mit voller Absicht und *qua* Skandalorgie und Exzess die eigene Befreiung zelebriert wurde.

Ein Schlagwort, das sowohl in der DDR als auch in westdeutschen sozialistischen Gruppen gepflegt wurde, war das von der "Diktatur des Proletariats", eine auf Auguste Blanqui zurückgeführte Neuschöpfung, deren paradoxe Anziehungskraft dadurch entsteht, dass der Begriff Diktatur, zumeist auf Einzelpersonen oder Kleingruppen bezogen nun auf eine gesellschaftliche Klasse gemünzt wurde. Sicher, zu Zeiten Blanquis war das "Proletariat" zahlenmäßig noch nicht so dominant wie etwa 1920, viel geringer als etwa die Anzahl aus den bäuerlichen Schichten; auch gab es noch wenige "bekennende Vertreter".
Blanqui definierte den Sozialismus mit den Worten: "Das ist, wenn in ganz Frankreich die Arbeiter bewaffnet sind." – man kann auch Volksaufstand dazu sagen. Seinen endgültigen Charakter erhielt das Wort von der "Diktatur des Proletariats" jedoch durch Lenin, der darin eine kurze Phase der Anarchie verstand, die eintreten muss, bevor "der Staat abstirbt", um für die neue Gesellschaftsform Raum zu schaffen. Dies ist eine Kernthese des Leninismus: ein Versuch, Gewalt mit angeblich ewigen Gesetzen der Geschichte zu begründen und brutale Maßnahmen des Machterwerbs unter Aspekten einer geschichtlichen Finalität zu rechtfertigen.
Praktisch bedeutete das für Russland bekanntlich nicht Fortschritt, sondern Bürgerkrieg, Hungersnot und Anarchie, die erst dann faktisch zu einem Ende kam, als Stalin die Macht ergriff und das Chaos durch eine brutale Diktatur ersetzte. Auch Lenin, von seinen Anhängern gegen Stalin stets in Schutz genommen, hatte für die Übergangszeit Gewalt empfohlen und dazu geraten, die Unterdrücker zu vernichten. Wört-

lich sagte er in seinem Aufsatz "Staat und Revolution", dass die Vertreter der alten Ordnung, niedergehalten werden müssen: *Ihr Widerstand muss mit Gewalt gebrochen werden, und es ist klar, dass es dort, wo es Unterdrückung, wo es Gewalt gibt, keine Freiheit, keine Demokratie gibt.*
Dieser Satz ist eine Herausforderung an den gesunden Menschenverstand: Das Böse muss mit Gewalt besiegt werden, und dort, wo Gewalt herrscht, gibt es keine Freiheit, also muss man auch die Freiheit abschaffen, um das Böse zu besiegen, in der Hoffnung, dass dann einmal eine bessere Welt daraus erstehen wird – ein Fall wie aus *Catch 22*. Die einzige Lösung für dieses logische Dilemma besteht darin, dass man verschiedene Arten der Gewalt voneinander unterscheidet, nämlich vertretbare Gewalt, also die eigene, von der abzulehnenden Gewalt der Anderen.

In erster Linie sahen die Studentenbewegungen jedoch nicht die sozialistischen Länder, sondern die Hochschulen als Orte ihres Wirkens, um nicht zu sagen, als Ausgangspunkt der Revolution. Begonnen wurde im Kleinen, etwa dadurch, dass die Autorität der Professorenschaft nicht länger anerkannt wurde, was eine an sich überaus gesunde Einstellung ist, die seit Anbeginn des Hochschulwesens zu konstatieren ist. Als Phänomen reicht diese kritische, ablehnende Einstellung dem Lehrkörper gegenüber bis weit in das Mittelalter und die Antike zurück und kann nicht als Errungenschaft des SDS betrachtet werden.
Anders verhält es sich mit der personellen Zusammensetzung der Studentenschaft selber: Die Fünfziger Jahre waren geprägt vom Auftreten einer neuen Mittelschicht, deren Kinder Ende der Sechziger Jahre an die Hochschulen kamen. Diese neuen Studenten stammten zwar nicht aus Arbeiterfamilien, wurden aber dennoch nicht als Gleiche innerhalb des etablierten Bürgertums anerkannt. Mit dem Einzug dieser neuen gesellschaftlichen Schicht zog daher auch automatisch der Klassenkampf in die Hochschulen mit ein. Ein Ringen um Anerkennung auf der einen Seite und ein demonstratives Sich-Unterscheiden-Wollen auf der anderen.
Die etablierte Studentenschaft, also etwa die korporierten Studenten, besetzten die traditionellen Fächer wie Jura und Medizin, die Neuen siedelten sich um die neuen Fächer wie Soziologie herum an. Dennoch kam es im Verlauf der hochschulinternen Proteste zu fraktionsübergreifenden Koalitionen zwischen SDS und traditionellen Studentenverbindungen, deren geistesgeschichtliche Wurzeln ja ebenfalls in Studentenprotesten und Studentenbewegungen lagen, wenn auch in längst vergangenen.

Kommende Untersuchungen zu sozialen Hintergründen der Demonstranten von 1968 werden aufzeigen, inwiefern die Vermutung berechtigt ist, dass die studentische APO sich in erster Linie aus akademischen Neubürgern zusammensetzte, also aus solchen Studenten, die als erste in ihrer Familie die Gelegenheit hatten, ein Studium zu ergreifen. Die neuen wachsenden Mittelschichten der Sechziger Jahre spiegelten sich überaus deutlich in den Immatrikulationszahlen der Hochschulen wider: Waren die studentischen Proteste der APO-Zeit zumindest in Teilen auch ein Phänomen der Selbstfindung neuer Schichten innerhalb der Hochschulwelt selbst, die es ihren Neubürgern nicht leicht machte sich zu integrieren und die es den Neubürgern auch demonstrativ gezeigt haben mochte, dass sie lediglich "die Neuen" waren?
Wissenschaftliche Anfänger tendieren oft dazu, neu gelernte Theorien, Vokabeln und Abstraktionen auf alles zu übertragen, was ihnen vor das gedankliche Visier kommt. Auch damit kann der Hang vieler APO-Aktivisten erklärt werden, an sich schon abstruse Theorien immer weiter zu spinnen.
Erst jahrelange Erfahrung und Kenntnis der Traditionen ernüchtern einen Wissenschaftler in seinem Glauben daran, dass in Modellen endgültige Antworten und Aushebung der letzten Zweifel zu finden seien. Das gleiche betrifft den Jargon, der eine ebenso geistig lähmende und kanalisierende Wirkung auf Ideen haben kann wie der übertriebene Glaube an die Verwertbarkeit von gedanklichen Modellen - insbesondere in den Kulturwissenschaften ist das zu beobachten. Die Überbewertung des fachlichen Jargons ist ebenfalls ein Charakteristikum von Erstsemestern.

Wenn man sich die Bilanz der Studentenbewegungen in Bezug auf das Hochschulsystem vergegenwärtigt, stößt man auf eine Paradoxie, die man vorwegnehmend so zusammenfassen kann: Entweder, die "68er" hatten einen messbaren und wirklichen Einfluss auf das Wesen der Hochschule, so muss man ihnen ein katastrophales Zeugnis ausstellen: Grundlegende Reformen sind über Jahrzehnte verschleppt worden, die heutigen Zustände an den meisten Einrichtungen sind schwer zu rechtfertigen, die Denkverbote der Hochschulpolitik kaum zu begreifen. Sind aber andererseits die gegenwärtigen Zustände an den Hochschulen ohne Dazutun der "68er-Bewegung" entstanden, so bricht eine andere Fassade des Mythos zusammen, nämlich die von der Befreiung der Hochschulen vom tausendjährigen *Muff*. Die Antwort auf diese Paradoxie muss lauten: Es ging nicht vorrangig um die Lösung hochschulpolitischer Probleme, sondern um Selbstbewältigung und Selbstfindung einer Generation, der die deutsche Geschichte ein überdurchschnittlich hohes Maß an Vergangenheitslast aufgebürdet hatte, ohne dass diese Generation selbst in diese Schuld der beiden Weltkriege verstrickt gewesen wäre. Man kann daher die Verwässerung und Beliebigmachung, wie sie im Zuge der "68er-Bewegungen" in vielen wissenschaftlichen Disziplinen zu verzeichnen ist, als einen Ausdruck des Selbstschutzes der APO-Studenten im Rahmen der bis 1968 noch konservativen Hochschulwelt betrachten. Erst die radikale Ablehnung der alten Werte erlaubte es den akademischen Neubürgern, einen eigenen Standpunkt zu erobern. Erst die Verwischung von harten Unterschieden erlaubte es, Land zu gewinnen. Der Kult der begrifflichen Beliebigkeit, wie er von der APO gepflegt wurde und der teilweise bis heute zu spüren ist, hat seine Wurzeln in dem Machtkampf, den die Neuakademiker gegen das Establishment der alten akademischen Familien und der Dozenten zu bestehen hatten. Dadurch, dass man die bis dahin geltenden Vorstellungen pauschal als *faschistisch* bezeichnete, was sie nicht waren, als autoritär, was sie durchaus waren, gelang es, einen neuen Stil in der Hochschule zu etablieren, der der nichtakademischen Herkunft der Neubürger besser entsprach.

Die Tatsache, dass die bundesdeutsche Professorenschaft der Nachkriegszeit zu weiten Teilen eine nationalsozialistische Vergangenheit hatte, fügte diesem Klassenkonflikt eine moralische Note hinzu, die von den Neubürgern effektiv instrumentalisiert wurde. Doch im Grunde ging es nicht um die Vergangenheit der Professoren, sondern um die Selbstfindung der Neubürger im Ausklang des *hysterischen Jahrhunderts*.

Die Theorielastigkeit bei zeitgleicher Konzeptlosigkeit der "68er" hatte eine verheerende Wirkung auf das deutsche Bildungswesen, die durch die Tabuisierung traditioneller Begriffe und Werte noch verschärft worden ist. Erst in der gegenwärtigen Debatte über Elitehochschulen, der notwendigen Integration von Ausländern und Förderung von Minderheiten ändert sich das Bild, das seit dem Eintreten der "Generation Ohnesorg" in das Berufsleben weitgehend statisch gewesen ist. Dieses Einfrieren der Hochschule stellte die besten Überlebensbedingungen für eine Schicht von Neuakademikern dar, die nicht bereit war, sich den Realitäten und Zwängen des Wissenschaftsbetriebes anzupassen. Aus diesem Grund hat sich die deutsche Universität seit 1968 qualitativ nicht verbessert, sondern verschlechtert, und aus diesem Grund ist der Widerstand vieler ehemaliger "68er" gegen eine realistische Neustrukturierung der Hochschulen so groß.

Es ist erstaunlich, dass es von vielen gesellschaftlichen Einrichtungen gerade die Hochschulen sind, in deren Führungsgremien so wenig Frauen zu finden sind, ob-

wohl die "68er-Bewegungen" die Hochschule als ihre vorrangige Arena empfanden. In Deutschland sind am Anfang des neuen Jahrtausends nur rund 9% aller Ordinarien weiblich, und dies auch erst neuerdings. Die Quote weiblicher Studenten in den Anfangssemestern liegt derzeit dagegen bei knapp unter 50%.
Es ist in dieser Hinsicht fast so, als hätte es die entsprechenden Bestrebungen der APO überhaupt nicht gegeben: Es ging im Jahr 1968 nicht um eine Reform der Hochschule, sondern um die Zerstörung des Bestehenden und um eine Attacke gegen das, was man als Establishment wahrnahm.
Im ersten Jahrzehnt des neuen Jahrtausends, setzt sich die Einsicht durch, dass auch Hochschulen profitabel arbeiten können, dass der Konkurrenzkampf um gute Studenten weltweit längst begonnen hat, ohne dass in der Bundesrepublik daraus Konsequenzen gezogen worden wären. Es setzt sich langsam die Erkenntnis durch, dass Studiengebühren fast überall auf der Welt die Qualität von Forschung und Lehre verbessern und nicht verschlechtern und damit die Chancen der Einzelnen steigen. Es ist wahrscheinlich kein Zufall, dass diese veränderte, realistischere Sichtweise zeitlich mit dem weitgehenden Ausscheiden der "68er" aus dem Berufsleben stattfindet.
Tatsächlich ist auch für den Fall der Hochschule das zu konstatieren, was den Studentenbewegungen in vielen anderen Hinsichten auch zu bescheinigen ist, nämlich, dass sie sich selbst in eine Reuse hineinmanövrierten, als sie im Generationenkonflikt zu Mitteln des Protestes und des Kampfes griffen, die auch gegen ihre eigenen Interessen verstießen. Der ungeheure Selbstanspruch, Befreiung der Hochschule vom "Muff von tausend Jahren" durch eine einzige Generation, brachte eine Blockadementalität mit sich, die sich schließlich gegen die Befreier selbst richtete. Auch in dieser Hinsicht steht die Generation von 1968 in der Tradition ihrer Eltern und Großeltern.

2.9 Mythologisierte Vermächtnisse

Die Radikalen der Weimarer Zeit, gleich zu welcher politischen oder kulturellen Strömung sie gehörten, waren durch das politische Ziel verbunden, die bestehende Gesellschaftsform, *das System* der Erfüllungspolitiker, den bürgerlichen Staat, den Kapitalismus abzuschaffen und durch etwas grundlegend Neues zu ersetzen. Dies sollte jeweils auf der Grundlage der entsprechenden Ideologie geschehen und konnte argumentativ bis ins Detail verteidigt werden. Die Nationalsozialisten und Kommunisten kamen ihrer Zielen dabei näher als alle anderen Gruppen, doch auch sie sind

mit ihren Entwürfen letztlich gescheitert, obwohl sie die tatsächliche Gelegenheit hatten, diese Pläne umzusetzen. Die Stichworte der Veränderung umreißen die Dimension dieser Pläne: Volksgemeinschaft, Großdeutschland, Unterwerfung Eurasiens und seiner Völker, Vernichtung der Juden oder: Kommunismus, Klassenkampf, Diktatur des Proletariats, Einparteienherrschaft, Verstaatlichung der Produktionsmittel, Vernichtung des Bürgertums als Klasse, Proletarisierung der Gesellschaft, Weltrevolution, etc. Dies waren mörderische Vorhaben, deren bloße Versuche allein schon das Gesicht der Welt und den Begriff des Menschlichen für immer verändert haben.
Als die Versuche, das Paradies auf Erden herzustellen fehlschlugen, wie sie es zu tun pflegen, stellte dies die Betreiber vor die Frage, wie mit dem gescheiterten Vermächtnis umzugehen sei: Flucht in den Tod oder den Untergrund, Beharren auf den alten Positionen und Rückzug in das Privatleben und Schönreden der Vergangenheit, Ablenkungsmanöver auf die harmlosen Aspekte mit der Behauptung, es habe auch schöne, gute Seiten gegeben, Umschwenken auf einen neuen, bzw. *den* neuen Kurs, Anpassung und nicht zuletzt: das Schweigen. Je nach Ausprägung und Grad an Radikalität können diese Verhaltensweisen bei allen Vertretern des *hysterischen Jahrhunderts* nachgewiesen werden. Die wenigsten ehemaligen Radikalen sind zu einer echten, ehrlichen und dauerhaften Vergangenheitsbewältigung, zu Sühne und Bitte um Vergebung bereit.
Gesine Schwan hat dafür plädiert, die "68er" auch in der Hinsicht zu verstehen, dass sie die Schuld der Vätergeneration abzutragen halfen, das undemokratische Erbe der bildungsbürgerlichen Eltern und die durch zweimalige Niederlage gegen die USA entstandenen Ressentiments. Der Antiamerikanismus, den beide Generationen teilten, habe daran gelegen, dass sich die "68er" der Demütigungen der Eltern durch die Supermacht Amerika nicht hätten entziehen können. Gewiss kommt diese Analyse dem zentralen Aspekt der Frage sehr nahe, warum jene beiden Generationen so viele geistesgeschichtliche Parallelen und Schnittstellen aufweisen.

Im deutschen Geistesleben spielen so genannten "Alt-68er" der verschiedensten Prägungen immer noch eine überaus dominante Rolle, um nicht zu sagen, die Rolle von Autoritäten: Hans Magnus Enzensberger, Martin Walser, Peter Schneider, Botho Strauß und Peter Handke sind Namen, die die intellektuelle Landschaft der Bundesrepublik weiterhin deutlich prägen. Von der Zeitenwende des Jahres 1989 ist diese Rolle kaum berührt worden. Denn während die Intellektuellen aus dem ehemaligen Ostblock nach 1990 samt und sonders auf den Prüfstand gehoben wurden und sich

Fragen gefallen lassen mussten, aus welchen Gründen sie Lobeshymnen auf Stalin und andere verfasst hatten, sind die westdeutschen Parteigänger des Stalinismus und der Diktatur weitgehend verschont geblieben. Selbst, wenn sie als Mitglieder von K-Gruppen jener Jahre Solidaritätsbesuche in Kambodscha gemacht hatten oder Grußbotschaften an Pol Pot geschickt hatten. Diese Vergangenheit wird beschwiegen oder als bedauerlicher Einzelfall abgetan. Ähnlich wie die Vorgängergeneration dies auch getan hat, kann sich zwar die Generation der "68er" ebenfalls darauf berufen, dass allenfalls eine kleine Minderheit bereit war, den Extremen bis in das Letzte zu folgen und in Massenmördern wie Pol Pot Helden zu sehen, während der Rest im Großen und Ganzen "anständig geblieben" sei und derartige Irrungen ablehnte oder davon nichts gewusst habe. Diese Haltung ist durchaus legitim, aber aus der Perspektive der deutschen Geschichte des *hysterischen Jahrhunderts* hat sie den negativen Beigeschmack der Unaufrichtigkeit und des Schon-einmal-Dagewesenen.

Die Generationen des *hysterischen Jahrhunderts* zeichneten sich durch eine pathologische Beziehung zu Begriffen wie "Herkunft", oder, schlimmer noch, "Deutschland" aus. Dabei ging es freilich nicht in die gleiche Richtung: Während die einen nichts kannten, für das es sich eher lohnen würde, im Krieg zu sterben, war es für die anderen der Hauptfeind schlechthin, gegen den man liebend gerne im Guerillakrieg sterben würde. Von der Symmetrieachse der Normalität waren beide gleich weit entfernt. Die beiden doppeldeutigen und missverstandenen Ideen des "Nie wieder Deutschland!" und "Deutschland über alles!" sind gleichermaßen beispielhaft für eine hysterische Einstellung gegenüber dem eigenen Land, die aus heutiger Sicht kaum noch zu verstehen ist.

Friedrich Nietzsche hat einmal in anderem Zusammenhang gesagt, dass es zum Wesen der Deutschen gehöre, sich stets so gründlich es ginge, "entdeutschen" zu wollen. Auch wenn er nicht ganz klarmachen konnte, was er mit diesem bemerkenswerten Verb eigentlich ausdrücken wollte, hat Nietzsche schon im 19. Jahrhundert jene hysterische Einstellung seiner Landsleute dem eigenen Land gegenüber erkannt und gesehen, dass diese Einstellung bei unterschiedlichster Symptomatik ein vermutlich ganz grundlegendes Phänomen sei. In "Menschliches, Allzumenschliches" heißt es dann weiter:

> *Erwägt man zum Beispiel, was alles schon deutsch gewesen ist, so wird man die theoretische Frage: was ist deutsch? sofort durch die Gegenfra-*

ge verbessern: "was ist jetzt deutsch?" — und jeder gute Deutsche wird sie praktisch, gerade durch Überwindung seiner deutschen Eigenschaften, lösen.

Aus dieser Einschätzung heraus, geäußert lange vor den Weltkriegen, lange vor Thälmann und Goebbels, wird deutlich, dass auch die "68er" in einer "typisch deutschen" Mentalitätsfalle gefangen waren. Das auf tragische Weise verkrampfte Verhältnis dieser Generationen zu ihrem Land auf dem Höhepunkt des hysterischen Jahrhunderts hatte eine lange Vorgeschichte. Heute indessen haben die Deutschen mit ihrem Land und seiner Kultur im Großen und Ganzen Frieden geschlossen und sehen es in einem eher nüchternen, jedenfalls nicht von Hysterie geprägten Licht. Auch die Hybris und Hysterie der alten DDR sind glücklicherweise untergegangen und blitzen nur noch selten unter der Oberfläche hervor. Doch wenn sie es tun, treten auch die damit verbundenen Tabus schlagartig wieder auf. Hier wartet noch eine erhebliche Anstrengung in Sachen Vergangenheitsbewältigung, die vermutlich erst von der Generation der heutigen Kindergartenkinder voll entfaltet werden wird.

Das zentrale Problem der hysterischen Generationen war: Aus einer Kultur kann man nicht austreten wie aus einem Verein, schon gar nicht in den Augen des Auslandes. Darunter leiden viele "68er" bis heute, und es erklärt die auffällige Frankophilie und Italophilie vieler "Alt-68er" auch bis zu einem gewissen Grad. Gerade diese Haltung wird im Ausland als typisch deutsches Unterfangen angesehen.
Dies ist nur eine weitere von zahlreichen Paradoxien, die durch das *hysterische Jahrhundert* entstanden sind. Sicher, die Sichtweise zahlreicher "Alt-68er" ist durchaus auch verständlich, wenn sie, wie etwa Christian Ströbele es bei einer Diskussion zur Fußball-WM 2006 in Berlin sinngemäß formulierte, deutschen Patriotismus für sich ablehnen und sich wünschen, dass es noch ein paar Jahrzehnte dauern möge, bis die Deutschen ein unverkrampft-stolzes Verhältnis zu ihrem Land gewinnen. Doch wer will entscheiden, wann ein Land für was bereit sei? In solchen Wünschen kann man eine Bevormundung der heutigen Jugend sehen, also ein diktiertes Geschichtsverhältnis einer Person "über Dreißig" gegenüber dem heutigen Nachwuchs und damit wäre die Ablehnung dieser Position ein Erbe der "68er" selbst. Damit steht der biographische Wandel vieler Akteure vom Revolutionär zum Beamten in Einklang, der in vielen Fällen weniger eine Metamorphose sein dürfte als vielmehr das Zugeständnis bestimmter und bislang geleugneter Kontinuitäten.

Der ehemalige Außenminister Fischer hatte 1982 in einem Artikel in der Zeitschrift "Pflasterstrand" Stellung zu Ernst Jünger genommen, der in jenem Jahr den Goethe-Preis erhalten sollte. Vertreter der Grünen aus dem Frankfurter Stadtparlament hatten versucht, diese Preisvergabe auf parlamentarischem Weg zu verhindern. Fischer wehrte sich in seinem Artikel gegen derartige Versuche parlamentarischer Bevormundung von Literaten und trat für Jünger ein. Für den Zusammenhang mit der "68er-Bewegung" nun eine Passage aus diesem Artikel, die das gespaltete Verhältnis der Studentenbewegung zur deutschen Tradition gut illustriert.

> *Bedenke ich meine eigene linksradikale Biographie, so kreuzte Jünger mehrmals meinen Weg. Sowohl Ernst Jünger als auch Carl Schmitt galten bereits während der Studentenrevolte im SDS als eine Art intellektueller Geheimtip, umgeben von der Aura des intellektuell Obszönen. Denn es waren Faschisten, zweifellos, und dennoch las man sie mit großem Interesse. Je militanter sich die Revolte gestaltete, je mehr der „Kämpfer", der „Fighter" in den Vordergrund trat, desto sinnfälliger wurden die Parallelen. Später, als längst die „Subjektivität", die „Politik der ersten Person" angesagt war, da las man wiederum Ernst Jünger, diesmal den Drogen-Jünger. Und noch später, als der Klassenkampf endgültig Don Juan oder fernöstlicher Erleuchtung gewichen war, da starrte das neulinke Dritte Auge auf den kosmischen Jünger, von Jüngers Affinität zur vorindustriellen Welt und seiner Zivilisationskritik ganz zu schweigen.*

Die vorgebliche Aufteilung zwischen links und rechts, die Traditionen des politischen Lagerdenkens scheitern an den Realitäten der Geistesgeschichte, wie so oft, so auch im Fall der Studentenbewegungen von 1968. Ertragreicher als die Zuordnung bestimmter Denker oder Vertreter zu solchen Lagern ist es, nach gemeinsamen Wurzeln des Denkens zu fragen, die möglicherweise jenseits des unmittelbaren Dunstkreises bestimmter Ideologien oder Denkschulen liegen.

Tritt man mit dieser Vorgabe an das "Phänomen 1968" heran, eröffnen sich neue Horizonte der Bewertung, die den Schluss nahe legen, 1968 sei kein Anfang, sondern ein Ende, keine Reaktion, sondern ein Nachglühen gewesen.

3. Die junge Bundesrepublik zwischen Modernität und "Muff"

Die Begriffe der "Revolution" und der "Restauration" sind vor allem seit dem 17. Jahrhundert ein wesentlicher Bestandteil des abendländischen Staatsdenkens, vor allem, seit die britische Stuart-Dynastie im Jahr 1660 mit Charles II. nach der puritanischen Revolution wieder den englischen Thron gewann. In besonderer Weise hat dann die Restauration der Bourbonen nach der Französischen Revolution das Verständnis des Begriffes für Deutschland geprägt. In beiden Fällen handelte es sich nach klassischer Lehre um die *Wiederherstellung* einer legitimen, durch eine nicht oder grundsätzlich anders legitimierbare Revolution unterbrochene Herrschaft. Die spätneuzeitliche, heutige Verwendung und Unterscheidung der Begriffe "Revolution" und "Restauration" ist nicht zeitgenössisch. Etymologisch bezeichnen sie beide nichts anderes als die Wieder(!)-Herstellung einer zuvor aufgehobenen Ordnung. Die Vorstellung, dass Restaurationen zeitlich rückwärtsgewandt sind und Revolutionen in die Zukunft weisen ist eine sekundäre, relativ moderne Erscheinung: Der emotionale Gehalt des Begriffs "Restauration" hat sich über die Jahrhunderte zum Negativen, politisch Autoritären, Nicht-Weltoffenen hin gewandelt, während sich der Begriff der "Revolution" auf viele, an sich früher sachfremde Bereiche ausgeweitet hat und seit der Französischen Revolution oder der Industriellen Revolution eher einen rapiden Wandel hin zu grundsätzlich Neuem beschreibt, etwa im Fall der "digitalen Revolution", die ja ganz gewiss keine irgendwie geartete Rückkehr zu einem früheren Zustand darstellt. Auf diese Weise ist aus zwei an sich etwa gleichbedeutenden Begriffen ein Paar von begrifflichen Gegenteilen geworden. Es ist jedoch verfehlt, diesen Begriffen moralische Konnotationen beizumessen.

Beginnend in den Jahren nach dem Ende des Heiligen Römischen Reiches, insbesondere dann nach dem Wiener Kongress, brachte die Restauration in Deutschland jedoch in immer größerem Umfang Unfreiheit mit sich, Zensur, Redeverbote, Verfolgung und Ausweisung von Liberalen, Demokraten und Nationalisten - allgemein eine gründliche Unterdrückung von parlamentarischen Bewegungen in den Teilstaaten des Bundes. Metternichs Politik kann als ein Versuch aufgefasst werden, den vollständigen Sturz des alten Reiches im Allgemeinen aufzufangen und weitere Unruhen, vor allem im eigenen Land, zu verhindern. Diese anhaltende Phase der deutsch-österreichischen Restauration hielt lange an, fand ihren Höhepunkt in den Karlsbader Beschlüssen, in der Zensurpolitik der folgenden Jahrzehnte und schließlich in der

Niederschlagung der revolutionären Bewegungen des Vormärz und blieb, so kann man das sehen, darüber hinaus lebendig, etwa in Bismarcks Politik der negativen Integration, in Sozialistengesetzen und Kulturkampf. Das Thema des Neunzehnten Jahrhunderts lautete in Deutschland, "die Revolution um jeden Preis zu verhindern". Das ideengeschichtliche Spiel, wie es für gut hundert Jahre gespielt wurde, bestand darin, dass Machthabern von Seiten der politisch aktiven Bevölkerung Restaurationsbestrebung vorgeworfen wurden, wenn die Politik nicht "weit genug" ging, während die Regierungen denjenigen Teilen der Bevölkerung, die die Initiative ergriffen und ihre Interessen voranbrachte, revolutionäre Bestrebungen vorwarfen. Heute indessen ist der Begriff der Restauration so gut wie vollständig aus dem aktuellen Diskurs verschwunden, und der Begriff der Revolution auf Marketingstrategien ausgeweitet. Politische Revolutionen werden meist eher umschrieben als Wende, erfolgreiche Bürgerrechtsbewegung, Umbruch oder mit entsprechenden Adjektiven wie "samtene" Revolution abgemildert. Damit ist eine zentrale Dichotomie aus der Begriffswelt des *hysterischen Jahrhunderts* aus unserem Denken entschwunden.

Eine ganze Generation von Denkern und Autoren, darunter Karl Marx, Richard Wagner oder Heinrich Heine litten persönlich unter den Folgen der restaurativen Bemühungen und Gedanken ihrer Zeit, und über ihre Schriften und Vorstellungen gelangte die Vokabel der "Restauration" direkt oder indirekt in die Vorstellungswelt der "68er". Ebenso das Idealbild eines intellektuellen, halblegalen Revolutionärs im Exil und unter ständiger Polizeikontrolle. Diese durchaus romantische Konzeption ist mit Vorstellungen weiterer zentraler Begriffe der Romantik wie: Erlösung, Selbsterlösung, Opfertod, Leid und Wahrheitssuche beziehungsweise Besitz der Wahrheit und gefühlte Volksverbundenheit in Beziehung zu setzen.
Ein berühmter Aufsatz über den "Bonapartismus"[22] in Frankreich ist hier ideengeschichtlich prägend gewesen. Karl Marx versuchte mit dieser Schrift nachzuweisen, dass "die Bourgeoisie", wie er sie für Frankreich zu erkennen glaubte, bereit war, ihre schwindende politische Macht auf eine Zentralfigur zu übertragen, um zumindest ihre wirtschaftlichen Interessen wahren zu können. Diese Zentralfigur war für Karl Marx der französische Kaiser Napoleon III. und für die marxistischen Epigonen jeder moderne charismatische Führer von nicht-sozialistischen Ländern. Aus diesem Grund

[22] Karl Marx/Friedrich Engels - Werke, Band 8, "Der achtzehnte Brumaire des Louis Bonaparte" Berlin/DDR 1972.

konnten Lenin und Stalin später Kapitalismus, Bürgertum, gemäßigte Sozialdemokratie und Imperialismus und Faschismus fast gleichsetzen.

Überträgt man den Begriff der Restauration trotz aller Bedenken auf die frühe Bundesrepublik, so geschieht ideengeschichtlich Folgendes: Die rebellierenden Studenten übernehmen auf einmal die Rolle von Karl Marx und Heinrich Heine, während Adenauer die Position Metternichs zugeschrieben wird. Erweitert um das Zwanzigste Jahrhundert, glaubten die Aktivisten von SDS und APO geradezu, die Rolle der Antifaschisten der Zwanziger Jahre innezuhaben, und sich gegen nationalsozialistische, besser "faschistische" Strömungen wehren zu müssen. Doch diese Gleichsetzung funktionierte für die Bundesrepublik nicht. Daher wurde der Mythos, die Selbstverklärung zur Lebensnotwendigkeit.
Wenn man bereit ist, einen sehr weit gefassten Begriff der Restauration zugrunde zu legen, dann kommt man für die Bundesrepublik zu folgendem Ergebnis: Offenkundig orientierte sich der junge Staat in besonderer Weise viel mehr an den Fehlern der Vergangenheit als an deren vermeintlichen oder tatsächlichen Vorzügen; sie orientierte sich an den konkreten Fehlern der Weimarer Verfassung, die auch zum Aufstieg des Nationalsozialismus geführt hatten, aber auch an den Fehlern der niemals realisierten, doch ausgearbeiteten Verfassung von 1848, die damals gerade hundert Jahre alt geworden war. Der Begriff der "Restauration" im Sinn von "Wiederherstellung", wenn man ihn in einem staatlichen Sinne verstehen will, geht an den tatsächlichen Vorgängen innerhalb des Parlamentarischen Rates ebenso vorbei wie an dem späteren Grundgesetz und dem Bundestag. Mehr als alle anderen Verfassungen und Ordnungen, die jemals in Deutschland bestanden, blickte das Grundgesetz in die Zukunft. Der Alptraum der Nazizeit und die Wirren der Weimarer Zeit waren die zentralen Schreckgespenster in der jungen Bundesrepublik. Dahin zurück wollte niemand, schon gar nicht die politisch verantwortlichen Kreise. Deswegen ist das Motiv des Restaurativen, wie es durch den Mythos geprägt worden ist, ein grundfalsches, denn erneut hatte der politische Konservatismus in Deutschland so erheblich an Boden verloren, dass es überhaupt kein Zurück geben konnte. Somit entstand die seltsame Situation, dass gerade der Konservatismus seine Chancen in der Fortschrittlichkeit suchen musste: Europäische Integration, Westbindung, freie Marktwirtschaft im Kontext der Europäischen Gemeinschaften, Verteidigungsgemeinschaft, Atomgemeinschaft, etc. All dies waren unerhörte und bis 1945 auch undenkbare Politikfelder konservativer Strömungen.

Die These von der erst 1968 entscheidend einsetzenden Vergangenheitsbewältigung gehört zu den weiteren Kernpunkten des *Mythos der Außerparlamentarischen Oppositionen.* Doch einige Jahreszahlen verdeutlichen schnell, dass die Suche nach Deutschlands neuer geistiger Position nach dem Krieg bereits lange vor 1968 angefangen hatte und mit Erfolg bereits zu den wichtigsten Ergebnissen gekommen war, an denen die Exponenten der "68er" langfristig nur sehr wenig änderten. Erst in den Achtziger Jahren kam dann eine weitere Welle qualitativ relevanter Aufarbeitung der Vergangenheit, vor allem durch die Massenmedien wie Film und Fernsehen. Das hatte folgenden Grund:

Während die Generation der späteren "68er" noch zur Schule ging, sahen sich die älteren Jahrgänge bereits einem harten inneren und äußeren Druck ausgesetzt, die vergangenen Jahre irgendwie zu bewältigen, ob explizit oder nicht, ob vor anderen oder vor sich selbst. Die Probleme und Wege der Bewältigung waren ebenso vielfältig wie die unterschiedlichen Biographien und Grade an Verstrickung in das Unrecht des Nationalsozialismus.

Diese Belastung hatte nicht allein mit dem anonymen und für den Einzelnen kaum wahrnehmbaren Druck der internationalen Politik zu tun, sondern vorrangig mit Fragen der eigenen Identität, der Familie, des Besitzes, beziehungsweise mit der Frage, wie der Verlust oder Gewinn daran zu sehen sei. Das *Gros* der Akteure des Jahres 1968 war um 1945 auf die Welt gekommen und hatte erst mit Ende der Sechziger Jahre die Volljährigkeit erreicht. Zu diesem Zeitpunkt waren die wichtigsten Weichen der Vergangenheitsbewältigung längst gestellt, und genau dagegen richtete sich die Revolte.

Vergangenheitsbewältigung setzt voraus, dass eine eigene Position in Bezug auf diese Vergangenheit zuvor gefunden worden ist, der Punkt des Archimedes, an dem der Hebel ansetzen kann: Ohne Selbstbewältigung kann es keine Vergangenheitsbewältigung geben, und die Adenauerzeit versuchte auf ihre Weise, mit dieser Frage zurechtzukommen. Man darf erwähnen: Sie waren die ersten, die dergleichen taten und mussten die Methoden noch erkunden. Viele gedankliche Instrumente der Vergangenheitsbewältigung, wie sie für uns heute eine Selbstverständlichkeit sind, standen damals noch nicht zur Verfügung und mussten erst erarbeitet werden. Doch die Erfahrung des Exils, der Vertreibung und der inneren Emigration hatte eine ganze Generation von Intellektuellen, Künstlern und Wissenschaftlern geprägt, die bereits während des Krieges und vor allem unmittelbar danach mit sehr deutlicher Stimme

zu sprechen begannen. Gerade nach den geistigen Hungerjahren des Nationalsozialismus trafen die Ideen und Erfahrungen dieser geistigen Elite auf breites Interesse. Die "Vergangenheitsbewältigung" in einem umfassenderen Sinn hatte bereits während des Krieges eingesetzt, als sich christliche, kommunistische, sozialdemokratische, konservative, etc. Widerstandsgruppen Gedanken über die künftige Gestalt Deutschlands zu machen begannen.
Die "68er" waren, als sie die Volljährigkeit erreichten, in der angenehmen Situation, dass sie die Versuche ihrer Eltern bereits vorliegen sahen. Die "68er" waren, wie zu zeigen sein wird, keine Vorreiter in Sachen Vergangenheitsbewältigung, sondern wiederum Erben. Epigonen sind häufig radikaler und bornierter als die Pioniere, denen sie folgen. Doch mit dem wirtschaftlichen Erfolg der Bundesrepublik, dem Aufschwung und dem Wirtschaftswunder verebbte diese erste Vergangenheitsbewältigung wieder und ließ dann im Zusammenhang mit der nachfolgenden Generation eine ökologische Nische offen, in die die Jugend hineinstoßen konnte.

Geprägt wurden die ersten Jahre der Bundesrepublik politisch in erster Linie von Personen, die vor Hitler bereits eine Rolle gespielt und die dem Dritten Reich zumeist eher neutral oder in irgend einer Weise kritisch oder ablehnend gegenübergestanden hatten, wie Konrad Adenauer, Theodor Heuss, Kurt Schumacher oder wie Carlo Schmid im "inneren Exil" nach Berufsverbot oder Zwangseinberufung zur Wehrmacht. Dies war die politische Prominenz. Auch, wenn viele dieser bundesrepublikanischen Akteure der ersten Stunde nicht, wie Einstein oder Thomas Mann, ins Exil gegangen waren, so lag ihr Beitrag für die neue Republik doch darin, der neuen Republik auf ihre Weise eine gewisse Würde zu verschaffen – mit wechselndem Erfolg. Diese Würde sahen sie, so waren sie sozialisiert, in den Werten und sicher auch teilweise im Stil eines Stresemann, Ebert oder Rathenau. Wenn man diese Versuche als "Restauration des Stils" bezeichnen will, so besteht eine gewisse Berechtigung: Restauration im Sinn von Wiederherstellung der Normalität einer funktionierenden Repräsentation der Republik im Kontext der europäischen Nachkriegsordnung. Doch so verwendeten die Demonstranten von 1968 die Vokabel nicht. Was jedoch mit Sicherheit nicht wieder hergestellt werden sollte, das war die Verfassung der Weimarer Republik mit ihren bekannten Schwächen – Bonn war in der Tat nicht Weimar.
Sicher, die alten Nazis waren dennoch da, und sie nahmen wieder Teil an der gesellschaftlichen Realität, manche von ihnen in überaus wichtigen Positionen, ein skandalöser Vorgang, über den sich nicht nur die "68er" völlig zu Recht empörten. Aber:

Die alten Nationalsozialisten, Sympathisanten und Mitläufer unternahmen oder planten keine Putschversuche, weil sie in den fünfziger Jahren dem Thema "Umsturz oder Staatsstreich" nicht anders gegenüberstanden als sie es in den Vierziger Jahren getan hatten, nämlich grundsätzlich ablehnend, weil autoritätsergeben. Unkritischer, unbedingter Gehorsam gehörte ja gerade zum Selbstverständnis der Nationalsozialisten.

Die inneren Überzeugungen der alten Nazis spielten in der Öffentlichkeit der Adenauerzeit auf verblüffende Weise keine Rolle, und sie selbst waren froh, wenn diese nicht thematisiert wurden. Damit war einerseits eine Entschärfung der Ideen der ehemaligen Nazis im öffentlichen Raum selbst verbunden, andererseits trat das Element des Misstrauens umso stärker hervor, je wohler sich die alten Nazis in der neuen Republik zu fühlen begannen, eben, weil man sie größtenteils in Ruhe ließ und sie in neuen-alten Positionen demokratisch übertüncht gedeihen konnten. Letzten Endes spielt es keine Rolle, ob die einzelnen Veteranen der Hitlerdiktatur Demokraten wurden oder Anhänger des Führerprinzips blieben. Gesellschaftlich, moralisch und politisch war das Dritte Reich für immer untergegangen.

Innerhalb der einzelnen Familien mag dies jedoch anders ausgesehen haben. Hier gab es nach wie vor Raum für "Nostalgie", Selbstbetrug und Schönfärberei, und es war genau dieser Umstand, der sich als explosiv für den Generationenkonflikt herausstellen sollte, weil er auf die Kinder, die später zu "68ern" werden sollten, bereits in deren Kindheit abgefärbt hatte.

Das, was man oft als *Verlogenheit* der Adenauer-Ära bezeichnet hat, kann auf die seltsame Mischung von Duldung, Wegschauen und krampfhaftes Nach-vorn-schauen zurückgeführt werden, die dann umso brisanter wurde, wenn zu dem kollektiven Beschweigen der Vergangenheit innerfamiliäre Verherrlichung der Elternbiographien hinzukamen. Das heißt in anderen Worten: Während die Zündvorrichtung des Generationenkonflikts 1968 eine ganz gewöhnliche war, nämlich die Auflehnung der Jugend gegen die Lebenslügen der älteren Generation, so stellte sich doch die eigentliche Sprengladung als überdurchschnittlich, geradezu einmalig explosiv heraus. Eine Elterngeneration, die nur Durchschnittliches zu verbergen, wenig zu tabuisieren und den Spiegel im Großen und Ganzen nicht fürchten muss, verhält sich anders als es die Elterngeneration im Jahr 1968 zu tun in der Lage war, was das Beispiel von Albert Speer zeigt, der nach seiner Haftentlassung allen Ernstes für kurze Zeit damit rechnete, noch einmal in hohe Regierungsämter berufen zu werden. Genau dies war der Stoff, aus dem der Generationenkonflikt bestand und der ihn in hysterische Höhen trieb. Die alten Nazis passten sich an, man sollte eigentlich sagen, sie passten sich *erneut* an, und versuchten, ihre Vergangenheit vergessen zu machen, zu schönen, zu vertuschen, zu verschleiern oder zu retouchieren. Auch 1933 war eine ähnliche Welle von Anpassungen durch Deutschland gelaufen, als es plötzlich darum ging, "schon immer" nationalsozialistisch empfunden zu haben, und eine vergleichbare Welle fand auf andere Weise nach 1945 östlich der Elbe statt – mit ebenso fatalen Folgen für die Identität einer ganzen Generation.

Für Konrad Adenauer war dieser Wandel als Ergebnis bereits genug, für die junge Generation der "68er" indessen reichte er bei weitem nicht aus. Der gleiche Prozess, allerdings weniger intensiv, trat auch im Fall der "Mitläufer" ein, die sich ebenfalls, damals wie später, anpassten und einfach mitmachten. Aus der Sicht der rebellierenden Jugend stellte sich daher die nationalsozialistische Vergangenheit in vielen Einzelfällen als empörend folgenlos dar, vor allem, wenn man auf die Personalien schaute – und sie hatten ohne Frage recht mit dieser Sichtweise.
Heute wissen wir im Gegensatz zur Nachkriegszeit, dass es keine nationalsozialistischen Restaurationsversuche gegeben hat, dass Untergrund-Verbindungen, oder Lobby-Vereine, wie etwa die "Stille Hilfe" wesentlich weniger effektiv und handlungsfähig waren, als befürchtet wurde. Damals indessen, als das hysterische Jahrhundert seine schlimmste Zuckung gerade erst hinter sich gebracht hatte, sah es anders aus und es wurde anders wahrgenommen.
Viel stärker als die Mitläufer und Nutznießer des Systems Hitler waren diejenigen Gruppen für die Bundesrepublik prägend, man denke nur an die SPD, die Liberalen, Kirchen, Gewerkschaften oder die frühe CDU, die einen vollkommen anderen politischen Hintergrund hatten: demokratisch und national, nicht rassistisch; christlich, nicht völkisch, sondern regional, sozial oder liberal. Ihre Stimmen waren deutlicher und lauter als die aller anderen Gruppierungen. Die Politik der Siegermächte tat ein Übriges. Doch selbst diese erklärten Nicht-Nazis standen mit der Machtergreifung oft in irgendeinem Zusammenhang, wie etwa der spätere Bundespräsident Theodor Heuss, der für das Ermächtigungsgesetz gestimmt hatte. Diese Kratzer im Lack der bundesdeutschen Glaubwürdigkeit sind heute weitgehend vergessen.
Die große Linie hieß: Ein demokratischer, in die internationalen Bündnisse des Westens eingefügter, föderaler Staat mit parlamentarischen Vertretungen, freien Parteien, Verbänden, Kirchen und Gewerkschaften auf vielen Ebenen und auf der Grundlage der sozialen Marktwirtschaft und einem umfassenden System von Bürger- und Men-

schenrechten zur Sicherung der Demokratie gegen radikale Bewegungen und gegen die Gefahr eines zu mächtigen Staatsoberhauptes. "Aus den Fehlern von Weimar lernen", war eine zentrale Maxime dieser Jahre. Eine Maxime der Restauration hätte gelautet: "Zurück nach Weimar!" oder "Zurück nach Preußen!" Doch genau davor hatte die Gesellschaft der Adenauerzeit ungeheure Angst, denn sie beschwieg ja die Folgen dieser Fehler nach Kräften.

Unmittelbar nach Kriegsende begann eine Phase juristisch-publizistischer Aufarbeitung nationalsozialistischer Politik und Kriegsführung, innerhalb derer die Nürnberger Kriegsverbrecherprozesse, sowie die "Entnazifizierung" und *reeducation* sicherlich die bedeutendsten Aspekte darstellten. Auch, wenn diese Vorgänge aus der Perspektive der Jugend damals wie heute im Sinne echt deutscher *Gründlichkeit* nicht so umfassend waren wie sie hätten sein können, muss man zwei Dinge anerkennen: Erstens, ein Prozess dieser Art hatte kein historisches Vorbild, an dem er sich hätte orientieren können und aus dessen Mängeln hätte gelernt werden können. Zweitens, vergleichbare Vorgänge der aufrichtigen, mit Konsequenzen für die Beteiligten verbundenen und ernst gemeinten Geschichtsbewältigung hat es in keinem anderen Land mit totalitärer Vergangenheit gegeben, nicht in Italien, nicht in Japan oder Spanien auf der einen Seite, und nicht in Russland oder anderen Ländern, die der kommunistischen Variante des Unrechts gefolgt waren. Insbesondere die Unverzüglichkeit, mit der diese Vergangenheitsbewältigung einsetzte, war einmalig.
Sie fand gegen einen relativ weiten Konsens innerhalb der Bevölkerung statt. In diesem Umstand kann man nur spitzfindigerweise ein restauratives Element sehen, nämlich die Durchsetzung einer Regierungspolitik gegen den Willen der Bevölkerung. In Wahrheit jedoch war es ein Triumph des Rechtsstaates, wenn auch ein Triumph, der von den moderaten, "un-gründlichen" Vorstellungen der anglo-amerikanischen Rechtstradition geprägt war. Aus diesem Grund stellten sich die Ergebnisse der Nürnberger Kriegsverbrecherprozesse aus der Perspektive der APO später als unbefriedigend heraus, sofern sie überhaupt differenziert wahrgenommen wurden. Nicht, weil die Ergebnisse irgendwie "falsch" gewesen wären, sondern weil sie gegen den deutschen Traditionswert der Gründlichkeit verstoßen hatten. Auch in dieser Hinsicht erscheinen die Studentenbewegungen der späten Sechziger Jahre als in der geistesgeschichtlichen Tradition des *hysterischen Jahrhunderts* verwurzelt.
Zuerst hatten die Verhandlungen von Nürnberg vielen Deutschen sicherlich nur als Siegerjustiz gegolten und daher als wenig moralisch bindend. Doch diese Einstellung

hielt nicht auf Dauer an, denn nicht nur im Zuge der Aussagen von Albert Speer, der seine Mitverantwortung an den Verbrechen des Dritten Reiches – eine Sensation! – schließlich in Teilen einräumte oder im Zuge des Selbstmordes von Hermann Göring, sondern auch einfach durch die filmische Publikation der Szenen in den soeben befreiten Konzentrationslagern änderte sich das Bild immer weiter. Deutsche Familien wurden durch die befreiten Lager geführt und gnadenlos mit dem wahren Gesicht der NS-Zeit, das sich jedem, der es wissen wollte, schon damals gezeigt hatte, konfrontiert. Der Schock war groß, tief, anhaltend, und er war notwendig. Die Entschuldigungs- und Erklärungsversuche hatten keine Substanz, was durch wiederholte Beteuerungen nur umso unglaubwürdiger und pathologischer wurde. Die Lebenslüge des "nicht gewusst" passt ideengeschichtlich exakt zu den anderen Schlagworten "Bonn ist nicht Weimar" und "Keine Experimente!" und stellt gemeinsam mit diesen die Achillesferse der etablierten Adenauergesellschaft dar.

Die spezifisch deutsche Form der Vergangenheitsbewältigung hat mit kulturellen Werten zu tun, die vielleicht ebenfalls als typisch deutsch oder traditionell deutsch galten mögen: das Nachdenkliche, das Grüblerisch-Wehleidige, die Nabelschau im Umgang miteinander, Gründlichkeit, die christlichen Werte des Sündenbekennens und der Umkehr, der als typisch deutsch angesehene Wunsch Klassenbester zu sein, der disziplinierte Perfektionismus – all dies sind angebliche oder vielleicht auch tatsächliche kulturelle Eigenschaften, die nicht nur von den Deutschen allein, sondern auch hin und wieder aus dem Ausland kommend der Beschreibung dessen dienen, was als *deutsch* wahrgenommen wird. Im Fall der Vergangenheitsbewältigung kann man sagen, dass die Existenz dieser Werte sicher auch ihren Beitrag leistete, um den Ausschlag zu erhöhen.

Prozesse zu Verbrechen der Nazi-Zeit konnten schon lange vor 1968 mit höchster öffentlicher Aufmerksamkeit rechnen: Das betraf auch die "Frankfurter Auschwitz-Prozesse", die Prozesse von Ulm 1958 oder den "Eichmann-Prozess" in Israel 1961. Zahlreiche Buchveröffentlichungen, eben wie Eugen Kogons "SS-Staat", hatten bereits lange vor 1968 eine breite Debatte auf den Weg gebracht, die durch ihre Form zwar viele Teilnehmer nicht befriedigen konnte, die aber nicht, wie meist behauptet wird, durch Verschweigen und Verlogenheit gekennzeichnet war, sondern allenfalls durch einen Stil, der sich von der Hau-drauf-Mentalität der Studentenbewegungen unterschied. Diese Mäßigung war durch den starken, klaren, in Deutschland bis heute

zu wenig wahrgehabten Einfluss der Siegermächte, aber auch durch die innerdeutsche "Katerstimmung" nach dem Exzess des Dritten Reiches zustande gekommen.
Tatsache ist: Es hat in den Fünfziger Jahren, lange vor 1968, eine bemerkenswerte und bis heute bemerkenswert *unterschätzte* Auseinandersetzung mit der Vergangenheit gegeben. Man kann die Auftritte der Studentenbewegungen daher sicher als eine *zweite Stufe* der eskalierten Vergangenheitsbewältigung betrachten, die auf den Schultern der ersten Phase stand und ihre Radikalität daher bezog, dass sie sich im Rahmen eines Generationenkonflikts bewegte. Begonnen oder abgeschlossen, wie der Mythos glauben machen will, haben die "68er" die Vergangenheitsbewältigung nicht.

Es ist eine weitere Tatsache, dass die junge Bundesrepublik mit großen Schritten dabei war, sich aus der alten Falle der "Deutschen Frage" zu befreien und ein neues, realistisches Selbstverständnis aufzubauen. Dazu zählt die deutsch-französische Freundschaft ebenso wie die Wiedergutmachungspolitik gegenüber Israel, die neuen deutsch-amerikanischen Beziehungen, die Integration von rund sechs Millionen Flüchtlingen und Vertriebenen, die größtenteils nicht dem Revanchismus und Nationalismus verfielen, sondern sich integrieren ließen und von Schlesiern, Sudetendeutschen und Ostpreußen zu Eltern von Bayern, Franken oder Schwaben wurden; ferner der überaus gelungene Übergang vom Zentralismus vor 1945 zum traditionellen Föderalismus. Die Vielfalt und Bandbreite der in den Fünfziger Jahren neu gegründeten Vereine, Verbände und anderer gesellschaftlicher Gruppen, auch durch das Vorbild der Besatzungsmächte beflügelt, kommt der oft betonten und im Einzelnen feststellbaren Buntheit der Studentenbewegungen mindestens gleich oder übertrifft sie noch, denn die meisten Organisationen, die in den späten Sechziger Jahren in Verbindung mit der APO bekannt wurden, wie etwa der SDS, waren selbst wiederum Gründungen der unmittelbaren Nachkriegszeit, die von den Studenten übernommen wurden, so wie viele andere Institutionen im weitesten Sinn ebenfalls von der Elterngeneration übernommen wurden.
Es war in diesen Vereinen der Nachkriegszeit in der Regel das Personal, das nicht stimmte, und gegen dieses Personal richtete sich die notwendige Kritik der Jugend. Wer in der Nazizeit hohe gesellschaftliche, militärische oder politische Posten innegehabt hatte, war meist auch schon in den Jahren davor auf der Karriereleiter fortgeschritten: Offiziere, alte Richter der Nazizeit, Ordinarien, Beamte und Führungskräfte waren immer noch oder wieder auf Positionen vertreten, auf die sie nach alldem nicht

gehörten, weder nach damaligen noch nach heutigen Begriffen. Vor allem die deutsche Justiz hat in Bezug auf den demokratischen Neuanfang in Personalfragen jämmerlich versagt. Auch der Aspekt der Entschädigung und Rehabilitierung von Zwangsarbeitern, Enteigneten, Opfern, Häftlingen und Verfolgten des nationalsozialistischen Regimes und deren Angehörigen wurde in einer Weise behandelt, die man nur als beschämend bezeichnen kann.

Man kann im Hinblick auf die junge Bundesrepublik sagen, dass bereits diese alten Nazis ab 1948/1949 einen "langen Marsch durch die Institutionen" unternahmen, der sie langsam aber sicher, wenn schon nicht zu "lupenreinen Demokraten" machte, so doch wenigstens neutralisierte, sie versorgte und ruhig stellte, um sie abschließend in Rente zu schicken. Sie konnten nicht mehr als Nationalsozialisten aktiv sein, weil die Gesetze, an die sie sich halten mussten, andere waren, und genau das kann man von vielen der Radikalen "68er" heute ebenfalls sagen, die genau wie die vorige Generation, der ja ihr Hass galt, im Dienst der parlamentarischen Demokratie, der ebenfalls ihr Hass galt, langsam zur Ruhe kam und sich von Feinden derjenigen Ordnung, von der sie schließlich profitierten, in Nutznießer verwandelten, um jetzt selbst in Rente geschickt zu werden. Hier besteht eine klare Parallele zwischen den beiden Generationen. Künftige Forschungsarbeiten werden sich vielleicht mit der Frage derartiger Kontinuitäten befassen und auf der Grundlage von soziologischen Untersuchungen das entsprechende Zahlenmaterial produzieren und Karrierenverläufe vom Krieger zum Beamten analysieren.

Die Verabschiedung des Grundgesetzes und die Einführung einer stabilen Währung kurz davor hatten für etwas gesorgt, das man das langsame Entstehen eines Minimal-Patriotismus nennen könnte, eines selbstzufriedenen oder auch selbstgerechten, wenig aufregenden und spießigen Stolzes auf eher technische Aspekte des eigenen Landes.

Das "Wirtschaftswunder" brachte mit einem Mal einen Typ von Deutschen hervor, der sich wenig um Rasse, Vaterland und Erbfeinde, etc. mehr kümmern wollte, aber auch wenig um abstrakte Freiheit, Weltgeschichte und Kampf für Menschenrechte, dafür aber viel mehr um Kühlschrank, Radio und Volkswagen; ein Menschentyp, der eher bereit war, für die Anschaffung eines Fernsehgeräts Entbehrungen auf sich zu nehmen als für einen Führer oder eine Weltanschauung. Es wäre jedoch verfehlt aus dieser Abstinenz in politischen Dingen eine Schwäche der Demokratie an sich abzuleiten: Es gehört zum Kerngedanken der freiheitlichen Demokratie, dass auch die Freiheit, sich nicht zu beteiligen geschützt werden muss. Diese Vorstellung steht nicht im Gegensatz zu liberalen Vorstellungen, sondern im Gegensatz zu der totalitären Parole, dass auch das Private politisch sei. Die Behäbigkeit und Enge der Fünfziger Jahre waren eine notwendige und auch verständliche Ruhephase nach dem Irrsinn der unmittelbaren Vergangenheit.

Eine weitere Erklärung für den fatalen Eindruck der "68er", sie sei die erste politisch mündige Generation gewesen, kann ferner darin liegen, dass sie die tatsächlich vorhandenen Debatten der Fünfziger Jahre ignoriert hat, etwa aus Altersgründen oder weil der schrille und überintentionale Eklektizismus ihrer Theorien keine differenzierten und langsamen Vorgänge wahrhaben wollte. Die studentische Jugend von 1968 war in weiten Teilen nicht bereit, den Schock anzuerkennen, unter dem die ältere Generation stand und noch auf absehbare Zeit stehen würde. Daher blieb es den Kindern überlassen, mit einem Schrei aus dem Alptraum der rekonvaleszenten Eltern zu erwachen. Es ist offensichtlich, dass die "68er" die Leistungen der Elterngeneration nicht anerkennen konnten oder durften, wenn sie aus dem Generationenkonflikt als Sieger hervorgehen wollten.
Daher ist die Vorstellung, dass die Generation der APO eine besonders politische gewesen sei, unbedingt zu relativieren. Vielmehr drängt sich der Eindruck auf, dass es eine Generation war, die die Politik als Waffe im Generationenkonflikt nur besonders deutlich einsetzte. Wenn unter dem Filter des Politischen, jeder Aspekt des Lebens politischen Gehalt gewinnt, so ist damit im Grunde keine Politisierung beschrieben, sondern eine vollkommene Verwässerung oder Entleerung des Politikbegriffes. Wenn Politik die Kunst des Möglichen, des Machbaren ist, dann handelte es sich bei den "68ern" in gewisser Weise um eine erstaunlich unpolitische Generation, die sich nicht um reale Zusammenhänge scherte, sondern Utopien und Theorien nachjagte. Nur, wenn man bereit ist, eine überaus weiten und abstrakten Politikbegriff zu verwenden, dessen Raster zu grob sind, dass die freiheitlich demokratische Grundordnung eines liberalen Staates als faschistisch bezeichnet werden kann, dann waren die Theoretiker der APO politische Menschen. Politik war kein Thema der Studentenbewegung, sondern ihre Maske, ihr Werkzeug im Kampf um eine Position innerhalb der Gesellschaft.
Dieser oft wiederholte Mythos von der *politischen Generation*, hält einer Untersuchung von Forderungen und Ideen der APO und des SDS nicht stand. Das Grundgesetz, die Positionspapiere und Programme von SPD, CDU und FDP waren weitaus demokratischer und auch politisch langlebiger als das, was auf den Flugblättern und

Positionspapieren der gleichen Zeit veröffentlicht wurde. Während der SDS darüber diskutierte, Leninsche Kader- und Befehlsstrukturen einzuführen oder zu verbessern, Gerd Langguth hat diese Bestrebungen als "Organisationsfetischismus" bezeichnet, galt sonst im Land allgemeine, vor allem geheime, gleiche und freie Wahl.
Auch im Punkt "Auftreten und Diskussionskultur" bestanden deutliche Unterschiede. Der Bundestag, die Landtage kannten faire Verteilung von Redezeiten; es fand kein *Mobbing* statt, kein Niederbrüllen, keine "Busenattacken" oder andere Übergriffe. Dieses gehörte in die bereits damals anachronistische Kultur der APO, die mit dem Rückgriff auf Verhaltensweisen der Weimarer Zeit eine besondere Waffe im Kampf der Generationen entdeckt hatte. Der politische Stil der APO ist aus dem heutigen politischen Leben gänzlich verschwunden, und man kann sich fragen, ob die heute üblichen, relativ zivilisierten Umgangsformen in der bundesdeutschen Politiklandschaft trotz oder wegen der APO ihre heutige Gestalt angenommen haben.
Auf der anderen Seite, jenseits der radikalen Gruppen der Studentenbewegungen fanden zentrale und lang anhaltende Debatten statt: um die Ereignisse im anderen Teil Deutschlands, zur Hallsteindoktrin, über die Wiederbewaffnung, Atomfrage, oder die Gründung des Warschauer Paktes, den misslungenen Ungarnaufstand, über die Gestalt der neuen Bundesrepublik mitsamt den neuen föderalen Länderstrukturen, die Neu- oder Wiedergründung ganzer Bundesländer oder das Wesen der modernen Volksparteien, das Ahlener Programm, als die CDU sich, wenn auch kurzlebig, von sozialistischen Ideen inspirieren ließ oder das Godesberger Programm in dem die SPD Abschied vom Klassenkampf nahm. Der Mauerbau, die Spiegelaffäre, der Koreakrieg und die Kuba-Krise, die Ostermarschbewegung, die lange vor den "68ern" Teilnehmerzahlen von Demonstrationen erreichte, wie sie selbst 1968 kaum je erzielt wurden – all dies sind Beispiele dafür, dass die Adenauerzeit nicht in dem Masse politisch starr und träge war, wie es der Mythos glauben machen will.
Die Aussagen von damals erwachsenen Zeitzeugen über die Fünfziger Jahre sind in dieser Hinsicht aufschlussreich, denn diese Urteile weisen, dem Trend der "68er" entgegengesetzt, ein relativ ausgeglichenes Bild von Vor- und Nachteilen auf, im Grunde also ein ganz normales Bild einer beliebigen Dekade, die nicht übermäßig von externen und internen Katastrophen betroffen ist. Das Magazin *Der Spiegel* hat in einer Spezialausgabe Anfang des Jahres 2006 versucht, dieses Lebensgefühl zwischen Trümmern und Wirtschaftswunder, auf journalistische Weise zu präsentieren. Künftige Arbeiten werden anhand von Quellensammlungen versuchen, die Befindlichkeit jener Jahre unbefangen zu beschreiben und ohne die Brille des Aufstandes

von 1968 zu sehen. Diese Perspektive, wie sie die Studentenbewegungen prägten, hat sich jedoch als so dominant herausgestellt, dass man fast versucht ist, von einer Geiselnahme der Fünfziger Jahre durch die "68er" zu sprechen.

Was war also "muffig" an den Fünfziger Jahren? Ist es nicht vielmehr möglich, dass der Begriff "muffig" auch eine Aussage über das Empfinden der eigenen Biographie oder Herkunft ist? Wen meint ein Teenager oder Zwanzigjähriger wenn er aussagt, seine Welt sei muffig oder zu eng? Er meint sein Elternhaus, seine engere Umgebung und letzten Endes sich selbst. Es mag sein, dass viele "68er" aus vergleichsweise muffigen Familien kamen und sich dagegen wehrten, dieses Erbe antreten zu müssen. Aber ein ganzes Land im Muff? Das ist sehr unwahrscheinlich, denn nicht die gesamte Jugend beteiligte sich an der Revolte der "68er". Man muss den "68ern" zugute halten, dass es ihr wie jeder Jugend zusteht, sich in einem Befreiungskampf gegen alles und jeden einen neuen Platz in der Welt zu erobern. Doch im Fall des *hysterischen Jahrhunderts* kamen einige Faktoren hinzu, die diesen Ausbruch aus der Enge in problematische Felder führte.

Wäre in diesem Sinn, Ausbruch aus der Enge, auch die Euphorie der Freiwilligen von 1914 zu verstehen? Sind die "68er" sozusagen die "August-Freiwilligen der Nachkriegszeit", die wie jene auch mit Begeisterung Fahnen hinterherliefen und Schlachtgesänge anstimmten?

Gemessen an den unglaublichen Veränderungen in Wirtschaft, Politik und Gesellschaft erscheint die These von der "zweiten Staatsgründung", Kernbestandteil des Mythos, als überaus fragwürdig. Hier haben die radikalen Teile der Studentenbewegungen wenig geleistet, und sie wollten es auch nicht: Welche bedeutenden Körperschaften sind damals gegründet worden, die heute noch bestehen? Welche Internationalen Beziehungen berufen sich darauf bis heute auf dieses Jahr und nicht auf 1945-1949 und die darauf folgenden Jahre? Wie wurden Wirtschaft, Wachstum, Währung oder Staatsform beeinflusst? Nein, an harten Fakten darf und kann man 1968 *fairerweise* nicht messen, schon gar nicht im Rahmen einer geistesgeschichtlichen Darstellung. Die "zweite Staatsgründung" muss daher aus weichen Fakten bestanden haben, also solchen, die zu Kultur, Geist, Philosophie und Kunst gehören, aber auch solche Dinge wie die Befindlichkeit und Mentalität. Doch, wie sieht es damit aus?

Die Fünfziger Jahre hatten ohne Frage neuartige Ängste hervorgebracht, wie die manisch-depressive Beziehung zu dem Thema "Atomkraft – Atomwaffe" oder die sprichwörtliche Kommunistenangst, die Verteufelung der Homosexualität und der ehe-ähnlichen Lebensgemeinschaften, der Abtreibungsfrage, die allesamt in handfeste Diskriminierung von Einzelnen und ganzen Gruppen münden konnten, doch auch das muss man sagen: Damit waren die Fünfziger Jahre dennoch ein enormer Fortschritt im Vergleich zu den Vierziger und Dreißiger Jahren und im Vergleich zu vielen anderen Ländern in der Welt relativ moderat, einschließlich der USA, Italien und der Sowjetunion.

Die These von der "zweiten Staatsgründung" hat außerhalb des Mythos wenig Überlebenschancen, weder was Personen noch was Fakten betrifft; sie fand vor allem in den Köpfen derer statt, die im Nachhinein einsehen mussten, dass sie ihre wahren Ziele verfehlt hatten, nämlich den Umsturz der verfassungsmäßigen Ordnung der Bundesrepublik, die Einführung eines Rätesystems und damit unter anderem auch die Abschaffung der Gewaltenteilung. Die Forderung nach der Räterepublik war keine neue. Auch in den Novemberunruhen des Jahres 1918 war diese Forderung aufgetreten und hatte die adlig-bürgerlichen Teile der deutschen Gesellschaft ebenso wie die gemäßigte Sozialdemokratie derart in Panik versetzt, dass die Bereitschaft stieg, die Rätebewegung auch mit den militärischen Mitteln der Reichswehr zu zerschlagen.
Das Auftreten beziehungsweise das gewaltsame Ende des Spartakusbundes war für eine ganze Generation ein traumatisches Ereignis, gleich, auf welcher Seite man sich selbst gesehen hatte. Daher musste der Ruf nach rätedemokratisch organisierten Vertretungen schlimmste Erinnerungen an eine Zeit wecken, in der Deutschland am Rand des Bürgerkrieges stand. Genau dies, nämlich die möglichst tief gehende Verunsicherung des Establishments war der Zweck der Parolen.
Erst als das Auseinanderdriften der Studentenbewegungen eingestanden werden musste, suchte man nach neuen Erklärungen und Errungenschaften und erfand den Mythos von der zweiten Staatsgründung. Der argumentative Fehler liegt jedoch genau darin, dass damals in keiner Weise eine zweite "Gründung der Bundesrepublik" beabsichtigt war, sondern im Gegenteil: deren Abschaffung. Wenn also schon "zweite Staatsgründung", dann zumindest wider Willen, gewissermaßen ein im Grunde unerwünschtes Nebenprodukt eines größeren bis heute nicht eingestandenen Fehlschlages. Darf man es sich als Verdienst anrechnen, wenn etwas, das man erreichen wollte fehlschlug und das Resultat dieses Fehlschlages das "verbessert", was man ursprünglich abschaffen wollte?

Die "68er" waren damals schon ideengeschichtliche Relikte: die erste Generation nach dem Krieg, biographisch selbst unbelastet, jedoch familiär unmittelbar mit NS-Deutschland und seiner Last verbunden, geistig und durch Prägung und Erziehung bedingt, zu tief im hysterischen Jahrhundert verwurzelt. Eine solche Konstellation ist unbedingt traumatisch. Intellektuell und oft auch familiär mit dem Instrumentarium der Unfreiheit, Autorität und der Diktatur ausgestattet, waren sie vom Verlauf der europäischen Geschichte in einen freiheitlichen, demokratischen Rechtstaat hinein entlassen worden, in dem es einen Katalog der Grundrechte gab und der die freie Meinungsäußerung seiner Bürger nicht nur duldete, sondern verlangte. Doch das überforderte sie, die keine Erfahrungen mit der Weimarer Zeit gemacht hatten; sie kannten die Funktionsweisen einer Republik nicht. Im Kopf die Unterdrückung und im Pass die Freiheit: Dieses Schicksal haben die "68er" ihrem Land niemals verziehen. Die junge Bundesrepublik war freier und moderater als die breite Mehrheit ihrer Bürger. In dieser Hinsicht ist eine gewisse Parallele zur Weimarer Republik zu sehen. Ralph Dahrendorf hat einmal zu diesem Thema gesagt, dass die Zeit von 1968 weniger Wachstumsschmerzen einer jungen Republik gewesen seien, sondern vielmehr, die Wiederbelebung eines alten Themas, nämlich: "Deutschland und die Institutionen", womit er meinte, dass die Deutschen, notorisch autoritätsgläubig, dennoch immer eine Art romantischer Ablehnung eben der Institutionen und Autoritäten gehegt hätten. Diese Ablehnung sei keine Erfindung des 20. Jahrhunderts sondern älter.
In der Tat, solche Paarungen von einerseits autoritärer innerer Struktur mit wildem äußeren Auftreten, sowie Ablehnung bürgerlicher Ordnung bei ständiger Selbstdisziplinierung nach selbst gemachten Regeln ist bereits während der Befreiungskriege gegen Napoleon zu konstatieren, bei diversen Männerbünden und auch bei harmlosen Vereinen, bei den frühen Burschenschaften, bei den Turnerbünden, beim Wandervogel aber auch bei der Hitlerjugend und den Organisationen der anderen politischen Radikalen.

3.1 Weiche Faktoren: Kultur und Personal vor 1968

Immer wenn ein starker kollektiver Konsens über den angeblich generellen Charakter einer Epoche besteht, hat der Historiker Veranlassung, skeptisch zu werden und nach denjenigen Aspekten zu suchen, die durch diesen Konsens verdeckt werden. Von solchen kollektiv vorgebrachten und inflationär häufig wiederholten Aussagen in Bezug auf das "Phänomen 1968" oder auch "*die* Fünfziger Jahre" gibt es eine ganze Menge. Anders als in der Mathematik, wo ein Fehler ein Fehler bleibt, auch wenn man ihn wiederholt, verhält es sich im kollektiven Gedächtnis einer Kultur häufig so, dass, wenn eine Behauptung nur oft genug wiederholt wird, sie früher oder später als Tatsache anerkannt werden wird. Diese durch Gebrauch und Auftreten geschmeidig gewordenen Behauptungen, auftretend in Form von Slogans oder auch Schlagworten, erweisen sich dann als überaus haltbar. Dies ist der böse Kernsatz der politischen Propaganda und der kommerziellen Werbung. Daher müssen Historiker versuchen, die Gegenprobe zu machen und ähnlich starke Schlagworte suchen, um das Gewicht des Mythos zu überprüfen: *Wie muffig waren die Fünfziger Jahre wirklich?*

Elvis Presley, James Dean und Marilyn Monroe, Brigitte Bardot, Grace Kelly, Romy Schneider, Visconti, Hildegard Knef und viele andere prägten eine ganze Generation von Petticoat-Trägerinnen und Vespafahrern sehr zum Unwillen der Eltern. Denn der Stil der genannten Prominenten, ihre Frisuren, Kleider und ihre Musik – das alles war etwas vollkommen Neues.

Auch die "Halbstarken", die gewalttätigen Rocker und die verschiedenen jugendlichen Gruppierungen, wie sie in den Kino-Filmen jener Jahre thematisiert werden, sprechen von zahlreichen Gegen-, Neben- oder Subkulturen. Sicher, es bestanden schwere Beschränkungen, die heute nicht mehr vorhanden sind, wie etwa der berüchtigte Kuppeleiparagraph oder der Paragraph 175 des Strafgesetzbuches, der die Homosexualität unter Strafe stellte.

Ohne jede Frage gab es zahlreiche Umstände, die aus heutiger Sicht nicht anders als skandalös erscheinen, etwa das faktische Verbot von literarischen Werken, von Klaus Manns "Mephisto" oder die Verstümmelung von Arno Schmidts Roman "Das Steinerne Herz", im Zuge derer der Name Konrad Adenauers aus einer ganzen Auflage getilgt wurde, was Artikel 5 des Grundgesetzes widersprach, der besagt, dass eine Zensur nicht stattfindet.

Der Kinsey-Report sorgte für neue und sehr offene Diskussionen über sexuelle Tabu-Themen, die eben durch diese Diskussionen enttabuisiert wurden, zwar langsam aber dafür nachhaltig. Der erste Report, und damit der Beginn der "sexuellen Revolution", stammt immerhin aus dem Jahr 1948 - zwanzig Jahre vor 1968.

Zentrale Werke der "schönen Literatur" sorgten für umfassende Debatten: Rolf Hochhuths Theaterstück "Der Stellvertreter", oder Wolfgang Borcherts "Draußen vor der Tür"; Zuckmayers "Des Teufels General" oder die als pornographisch geschmähte und nicht zuletzt auch deswegen in hohen Auflagen verkaufte "Blechtrommel" – ein Werk, das damals noch kein ehrwürdiger Klassiker war, sondern in vielerlei Hinsicht ein brandaktueller "Schocker".

Diese und andere Werke waren Gegenstand von lebhaften Debatten und Kontroversen über den Sinn von Literatur und Kunst, über die Bedeutung und Verantwortung von Künstlern, über Geschmacksfragen und Fragen dessen, was erlaubt sei und was nicht. Diese intellektuellen Auseinandersetzungen, die von heutiger Warte aus betrachtet teilweise naiv, besserwisserisch, geziert oder auch verkrampft wirken, waren ein wesentlicher Schritt auf dem Weg einer Nation, die nach der traumatischen Erfahrung einer Diktatur wieder lernte, öffentlichen Gedankenaustausch zu betreiben und dabei die hysterischen Verhaltensweisen der Nazizeit gerade *nicht* wieder aufleben zu lassen, auch wenn die Reaktionen auf die teilweise als provozierend empfundenen Werke durchaus auch heftig sein konnten.

Im allgemeinen Zusammenhang mit Europa kann man die These aufstellen, dass die Bundesrepublik in punkto Verklemmung und Moralismus etwa im vorderen Mittelfeld lag, aber sicherlich keine Ausnahme darstellte.

Deutschland war wieder dabei, den individuellen Geschmack des Lesers, die Persönlichkeitsrechte von Dargestellten und die Rechte der Autoren als ausschlaggebend zu betrachten und nicht mehr die Frage, ob ein Werk der völkischen Weltanschauung entsprach oder nicht. Argumente *qua* Ideologie hatten ausgedient. Dieser Fortschritt, oder wenn man so will, diese Restauration der Normalität ist auch in Bezug auf die Schwierigkeit der erneuten Umorientierung in seiner Bedeutung kaum zu überschätzen. Das Erringen von Freiheit nach einer Phase der Diktatur kann sich als ebenso traumatisch erweisen wie der Verlust der Freiheit zu Beginn einer diktatorischen Herrschaft. Für den Fall der alten Bundesrepublik kann man sagen, dass der Übergang weitgehend schonend gelang. Der Preis der Schonung war ein erhebliches Maß an Unaufrichtigkeit, das aus dem Blick jeder nachfolgenden Generation größer erschien als aus dem Blick der Betreffenden.

Die in den Fünfziger Jahren einsetzenden Versuche der Befreiung kann man nun ideengeschichtlich auf zweierlei Arten sehen. Erstens: Es gab lange vor der "68er-Revolte" so etwas wie eine kulturell-sexuelle Revolution in Deutschland; sie war weniger reißerisch und wollte weniger provokativ sein, auch strebte sie nicht nach einer vollständigen Umwälzung der Gesellschaft, aber die Wirkungen und Veränderungen waren klar zu sehen, für viele der Bürger zu klar und damit bedrohlich. Doch diese Reaktionsweise ist nicht auf die Fünfziger Jahre beschränkt.
Die zweite Sichtweise ist genau entgegengesetzt und besagt, dass die Verklemmtheit, das Denken innerhalb des Sichtfeldes selbst gewählter Scheuklappen überaus mächtig war und bis weit in die siebziger und achtziger Jahre hinein reichte, bis in die Anfangszeit von HIV-Aids hinein, wenn man etwa an den damals umstritten-legendären "Schulmädchen-Report" denkt, den man aus heutiger Sicht wohl durchaus als ebenso verklemmt, muffig und oberlehrerhaft empfinden kann; dieser Report stammt größtenteils aus den angeblich schon befreiten Siebziger Jahren. Welchen der beiden Sichtweisen man auch zuneigt, unter dem Strich steht, dass die Bewegung von 1968 weniger Einfluss hatte, als dies der Mythos behauptet. Die Sage wirkt durch ihre ständige Wiederholung stärker als ihr tatsächlicher Inhalt es getan hat.

Die großen Namen der unmittelbaren Nachkriegszeit sprechen für sich: Peter Frankenfelds Humor, Billy Wilders Komödien, die Versuche, die unmittelbare Vergangenheit filmisch zu fassen, wie etwa Wolfgang Staudtes "Die Mörder sind unter uns", sind Beispiele dafür, dass auch die deutsche Populär-Kultur dieser Jahre dabei war, sich wieder dem Ausland zu öffnen. Weltweite Einflüsse kamen hinzu: Nehru, Chruschtschow, Eva Perón, die Callas, Hitchcock, Errol Flynn, Ingrid Bergmann, Frank Sinatra und seine Kollegen, Miles Davis, Jack Kerouac, William S. Burroughs oder Allen Ginsberg, Chuck Berry, James Brown und so viele andere sind auch heute mit Sicherheit keine Inbegriffe der spießigen Beschaulichkeit, damals waren sie es noch viel weniger.
Der "Mythos 68" lautet, dass die kulturelle Öffnung der Bundesrepublik ohne die APO-Bewegungen nicht erfolgt wäre, dabei liegen alle die eben genannten Namen zeitlich vor 1968. Es stimmt, sie sind größtenteils international, die Künstler stammen mehrheitlich nicht aus Deutschland. Doch darin ist kein Argument für die Muff-These zu sehen, sondern im Gegenteil: Deutschland hatte sich der internationalen Kultur in einem Maß geöffnet, wie man sich das heute kaum mehr vorstellen kann, weil es seit damals zur Normalität gehört. Auch heute sind die meisten Namen des

großen Entertainment, des Films, der Musik und Künste in einem allgemeinen Sinn zusammengesetzt aus allen Ländern der Welt.
Wenn man darin "Restauration" sehen will, die Rückkehr zur Vielfalt der Zwanziger Jahre, dann war die Adenauerzeit in gewisser Weise sogar nicht restaurativ genug, denn von den Schlägen der Nazis erholte sich die bundesdeutsche Kulturlandschaft noch auf lange Zeit nicht, und was etwa die Theaterlandschaft der Berliner Friedrichstrasse, als beispielhaften Einzelfall betrifft, ist sie heute noch nicht wieder auf dem alten Stand angelangt. Der Begriff der *Restauration* entpuppt sich bei genauerer Betrachtung als ein Schlagwort, das den ursprünglichen Intentionen des Mythos geradezu entgegensteht.
Nach 12 Jahren totaler Bevormundung, lasen die Deutschen Hemingway, Orwell und Huxley; besuchten die *documenta*; sie hörten die französischen Chansons, die von den Erfahrungen der Résistance oder den Philosophen und Literaten des Existenzialismus zehrten; sie hörten Rock'n Roll, sie kleideten sich von italienischen Stilen beeinflusst bunt und gänzlich neuartig. Die Wohnungen erhielten durch moderne Haushaltsgeräte, durch Muranoglas, Nierentische und stilistisch bemerkenswerte Punktemuster vollkommen neue Gesichter. Dem Aufbruchsgeist der Gründerjahre konnte man sich nicht entziehen.
Wenn heute die bunten Pferde von Franz Marc zum Inbegriff des Einfallslosen und Abgegriffenen geworden sind, dann deshalb, weil ihre Auflagenstärke so ungeheuer hoch war, dass sie in jedem Wohnzimmer hängen *konnten*. Man muss jedoch der Fairness halber auch bedenken, dass solche massengefertigten Kunstdrucke Portraits von Adolf Hitler oder Karten mit Frontverläufen ablösten – ein bedeutender Fortschritt in Sachen der Inneneinrichtung. Eine ganze Nation war auf der Suche nach neuen Formen. Muffig im Sinn von "abgestanden" waren diese Dinge damals keineswegs, viel eher waren sie im modernen Sinn des Wortes revolutionär - auf eine nicht rückwärtsgewandte Weise.

Der überaus schnelle und effektive Wiederaufbau der, wie Mitscherlich es ausdrückte, nun *unwirtlichen Städte*, das neue, als fortschrittlich empfundene Gesicht der Wohn- und Geschäftsstraßen, die großen trostlosen Parkplätze, die Fülle an sinnvollen und sinnlosen Waren und neuen Produkten, die Allgegenwart der Werbung, die neuen Werkstoffe, die Tatsache, dass der Fernseher in gewisser Weise die Welt in die Wohnzimmer hineinbrachte, die Kultur fremder Länder, erstmals wieder Nachrichten, denen man halbwegs trauen konnte.

Ein trauriges Kapitel der deutschen Geschichte betrifft die gnadenlose Radikalität der Fünfziger Jahre in Bezug auf die Stadtplanung und Wohnraumgestaltung, in weitestem Sinn auf den Abschied von der Vergangenheit. Erneut war es innerhalb der deutschen Populärkultur zu einem umfassenden Bodenverlust für die Konservativen gekommen. Der komplette Lifestyle einer konservativen Familie musste umgestellt werden, um weiterhin konservativ bleiben zu können. Das *hysterische Jahrhundert* ist zutiefst geprägt von diesem wiederkehrenden Motiv.
Die kranke Ratio der "autofreundlichen Stadt" und der Betonfassaden bedrohte und zerstörte vieles an alter Bausubstanz, das noch zu retten gewesen wäre. Allein, man sah es nicht als erhaltenswert an, im Gegenteil, man betrachtete die alten Fachwerk- oder Backsteinhäuser als "muffige" Relikte einer alten Zeit, die aus dem Gesichtsfeld besser verschwinden sollten, statt dessen entschied man sich für mehrspurige Schnellstraßen direkt durch die Stadtzentren hindurch, die den Stadtplanern heute schwere Probleme bereiten.
Aus heutiger Sicht sind die *Bausünden der Fünfziger Jahre* geradezu sprichwörtlich geworden. Was sagt diese radikale Vernichtung alter architektonischer Substanz über das Geschichtsbild einer Kultur? Auch in der DDR und in anderen Staaten fand etwa zeitgleich eine wahre Welle der Zerstörung traditioneller Bauten statt, die durch keine technischen Argumente zu rechtfertigen war. Es handelte sich bei diesen Bausünden und Kahlschlägen um nichts anderes als um eine europaweite Kulturrevolution. Eine Reaktion auf den Schock des Zweiten Weltkrieges. Doch als "muffig" kann diese Vorgehensweise nicht bezeichnet werden.
Es waren aus den Augen der Zeitzeugen umsturzhafte Neuerungen in die kommende, moderne Zeit hinein und keine Rückschritte, keine Restauration und vor allem kein Stillstand. Vielmehr gingen diese Veränderungen vielen Menschen sogar zu schnell. Daher versuchten sie, an traditionellen Werten, Kirche, Familie, Firma, etc. festzuhalten, und sie merkten, dass sich auch diese Werte einem grundsätzlichen Wandel unterzogen, gegen den der Einzelne nichts tun konnte als ihn hinzunehmen.
Für wieder andere war die Befreiung der Fünfziger Jahre kein Schock, sondern eben tatsächlich eine Befreiung, eine Öffnung zum Besseren und eben auch das Ende eines Alptraumes. Soziologische Untersuchungen der familiären Hintergründe der späteren APO-Aktivisten werden zeigen, ob und inwiefern ein Zusammenhang besteht zwischen der Rolle der Eltern im Dritten Reich und der späteren Radikalität ihrer Kinder. Vermutlich wird sich ein Bild ergeben, das besagt, dass die späteren radikalen "68er" mehrheitlich aus solchen Familien kamen, die von der Nazizeit mehr oder weniger

profitiert hatten oder zumindest nicht behelligt worden waren wie zum Beispiel die Regimegegner oder die Vertreter der Inneren oder äußeren Emigration. Denn genau in jenen Familien, die 1945 einen sozialen Verlust erlebten und keine deutliche Befreiung, war die Sehnsucht nach sozialer Geborgenheit im Anschluss an die Niederlage und den Zusammenbruch von 1945 vermutlich besonders stark ausgeprägt, während in ehemals verfolgten Familien wahrscheinlich eher ein Gefühl wiedererlangter Freiheit vorherrschte, was auch an die Kinder weitergegeben worden sein mag. Dieser Zusammenhang, sollte er sich als tatsächlich herausstellen, würde ein grundsätzlich neues Licht auf die "68er" werfen.

Das gesellschaftliche Ziel der fünfziger Jahre lag darin, überhaupt erst zur *Normalität* zurückzufinden, wie Anselm Doering-Manteuffel[23] es empfand. Damit verbunden war freilich auch häufig eine vielleicht typisch deutsch zu nennende, tendenziell pessimistische Geschichtsauffassung, Angst vor zunehmender Profanisierung der Kultur und ein arrogantes, elitäres Misstrauen gegenüber der "Masse" oder irgendwie gearteten Kollektiven und die Angst vor der Zerstörungskraft politischer Ideologien. Genau hier setzte die APO ein: Differenzierte Betrachtung bedeutet immer, zumindest teilweise auch Gegensätzliches anzuerkennen; dies jedoch lag nicht in der Intention der 68er, im Gegenteil: Differenzierung ist der Feind der Provokation und kann im Rahmen von hysterischen Generationenkonflikten nicht eingesetzt werden. Für die Studentenbewegungen mussten Staat und Gesellschaft, Eltern, die internationalen Organisationen, die Parteien und Verbände, die verschiedenen Interessengruppen als Einheit wahrgenommen werden, zusammengefasst unter dem Begriff "das System".
Es ging den jungen Akademikern gerade nicht um Analyse und Erklärung, sondern darum, eine neue eigene Identität zu finden, in einer Zeit, die von der Generation der Eltern und deren Rolle im Nationalsozialismus geprägt war, beziehungsweise dem, was diese Generation, überaus hysterisch und größenwahnsinnig in ihrer Jugend, in der Welt angerichtet hatte. Man kann auch sagen, es ging der APO um die Emanzipation von einer Generation, die von sich von selbst auf geradezu größenwahnsinnige Weise überzeugt war, ein Wunder, das Wirtschaftswunder, geschaffen zu haben. Die Reaktionsweise der Verteidigung glich jedoch dem Vorbild ihrer Eltern auf erstaunliche Weise.

[23] Mainz: Matthias-Grünewald. Katholizismus und Wiederbewaffnung: die Haltung der deutschen Katholiken gegenüber der Wehrfrage 1948 - 1955. 1981.

Diese Aussage musste von einer Jugend zerstört und attackiert werden, wenn diese Jugend sich als unabhängig und frei begreifen wollte, wie es das Recht jeder neuen Generation ist. Die Existenz von Generationenkonflikten ist ein Zeichen gesunder oder gesundender demokratischer Gesellschaften, aber die Art und Weise, in der sie ausgetragen werden, lässt auf gesellschaftliche Tabus und damit auf soziale Krankheiten schließen, die dem zugrunde liegen mögen.
Möglicherweise werden literaturwissenschaftliche Arbeiten kommender Jahre die Publizistik in Bezug auf die Verwendung religiöser und pseudoreligiöser Begriffe untersuchen und herausfinden, dass die megalomanische Sprache der Nationalsozialisten in den Fünfziger Jahren zwar ein Ende fand oder sich zumindest stark beruhigte, aber der neue Stil weiterhin fortfuhr, in übermenschlichen Dimensionen zu denken und metaphysisches Vokabular einsetzte, um eigene Leistungen zu beschreiben.
Von dieser Generation der Wundertätigen und Weltkriegsteilnehmer, Beinahgewinner und Anständiggebliebenen – alles geradezu übermenschliche Leistungen, musste sich die Jugend distanzieren, und da das Erbe eine besonders schwerwiegende Last aufbürdete, nahmen auch die Befreiungsversuche gravierende Formen an. Die radikalsten Maßnahmen versprachen den besten Erfolg, weil Superlative auch die Kategorien darstellten, in denen die Eltern nach wie vor dachten, es sich aber nicht mehr getrauten. Die Geschichte des Superlativs in seinem praktischen Sprachgebrauch in der deutschen Öffentlichkeit für die letzten hundert Jahre zu schreiben, dürfte ein sehr erhellendes, sprach- und sozialgeschichtliches Projekt sein. Das Ergebnis dürfte in Parallelität zu den schlimmsten Amplituden des hysterischen Jahrhunderts einen jeweils stark ansteigenden Gebrauch konstatieren und in Phasen der Beruhigung ebenfalls einen Abschwung der Häufigkeit, der bis heute anhält.
Hysterische Ablehnung all dessen, was als deutsch oder vor allem bürgerlich-deutsch empfunden wurde, war eine Waffe gegen jene Generation, die diese Aspekte hysterisch bejubelt hatte: traditionelle Musik, die Flagge, die Nationalhymne, den deutschen Soldaten, bestimmte Nahrungsmittel, Feste, Kleidungsstücke, Werte und Traditionen.

Die zentrale Lage Deutschlands in Europa, die Vielzahl der Bestandteile und Staaten unterschiedlichster Form, der transkulturelle Charakter, die überdurchschnittlich hohe Zahl an Nachbarn und Sprachgrenzen, die verschiedenen über-regionalen und sogar kontinentalen Kulturgrenzen, die durch Deutschland hindurchgehen, der Nord-Süd-Konflikt und das West-Ost-Gefälle in allen seinen Formen, die Abwesenheit einer

Hauptstadt für den größten Teil seiner Geschichte, die Größe des Landes und seiner Population im Vergleich zu den Nachbarn, die wirtschaftliche Stärke bei relativer politischer Schwäche, die relativ langsame Demokratisierung, die zahlreichen historischen Diskontinuitäten und fehlgeschlagenen Emanzipationsbewegungen seit den Bauernkriegen, all diese Punkte machten die deutsche Frage zu einem durch und durch europäischen Problem, wie Immanuel Geiss es formulierte.

Auf welche Weise sollte es den "68ern" möglich gewesen sein, sich aus diesen uralten Zwängen auszuklinken? Die Bundesrepublik befand sich nach dem Zweiten Weltkrieg zwar auf einem mehrheitlich stabilen und positiven Kurs, sogar dem besten, den Deutschland seit langer Zeit oder überhaupt jemals eingeschlagen hatte, aber die Hysterie, die auch durch den Kalten Krieg, die deutsche Teilung, das Trauma der Hitlerzeit, der Weimarer Instabilität, die Wirtschaftskrise und den Krieg von 1914 weiterwirkte und sogar noch gesteigert worden war, blieb die ganze Zeit hindurch virulent. Die 68er bewegten sich ideengeschichtlich betrachtet in vollem Umfang in dieser deutschen Tradition. Sie waren im Jahr 1968 nicht die ersten richtigen Demokraten, sondern sie waren die letzten, die in Bezug auf das Thema "Deutschland" keinen klaren Kopf bewahren konnten. Was damals vielleicht noch verständlich war, ist inzwischen auch zu einer Frage der Deutungshoheit gegenüber den jetzt Heranwachsenden geworden, eine Deutungshoheit, die von den heutigen "Alt-68ern" ebenso entschieden verteidigt wird, wie von der Vorgängergeneration damals: In den Fünfziger Jahren dominierte, gesellschaftlich eine Elite, die geprägt war von Einflüssen der Kaiserzeit, von Thomas Mann, Albert Einstein, Mommsen, Virchow, Käthe Kollwitz, den deutschen Klassikern, Schönberg, Musil, Strauß, Fontane, Hauff, Hauptmann, Karl Kraus und so vielen anderen, die das Etikett der Enge nicht verdienen, allenfalls das Etikett der Strenge.

Dies zeigte sich auch an einem ganz bestimmten Politikertypus, der inzwischen weitgehend ausgestorben ist, nämlich dem nicht unbedingt medientauglichen Charakterkopf. Individualistische, teilweise unangenehme und oftmals leicht oder deutlich exzentrische Persönlichkeiten wie Konrad Adenauer, Carlo Schmid, Jakob Kaiser, Theodor Heuss, Ludwig Erhard oder Kurt Schumacher, Erich Ollenhauer – allesamt Originale, die in der heutigen Zeit wahrscheinlich kaum Chancen hätten, in solche Positionen aufzusteigen, wie sie damals erreicht werden konnten. Der erste wirklich medientaugliche und auch -kompetente Bundeskanzler war Kurt Georg Kiesinger, den man, paradoxer Aspekt, auch den *vergessenen Kanzler* genannt hat.

Wie oft hat sich ein Kurt Schumacher ungestraft an dem vergangen, was man heute "politische Korrektheit" nennt? Hätte er diesen Begriff akzeptiert oder überhaupt verstanden? Man muss den Namen des ehemaligen Nationalsozialisten Lübke nicht erwähnen, um zeigen zu können, dass vieles von dem, was in den Fünfziger Jahren auch auf oberster Regierungsebene für würdig und staatsmännisch angesehen wurde, heute einen überaus bitteren Beigeschmack hat. Das Pathos vieler damaliger Bundestagsreden wirkt heute antiquiert und altväterlich. Auch die Selbstgerechtigkeit, die aus vielen Wortbeiträgen des frühen Bundestages klingt, ist heute glücklicherweise aus den meisten Reden verschwunden, nicht nur des Parlaments, sondern überhaupt im Umgangston. Diese dominante Vätergeneration, die nicht nur über erhebliche reale Macht verfügte, sondern auch über einen gewaltigen moralischen Anspruch, forderte die Jugend zum Aufstand geradezu heraus, was eine gesunde Sache war.
Doch dieser alternden Generation faschistische oder faschistoide Tendenzen vorzuwerfen, fehlende Demokratie und "Muff" – das muss man als das sehen, was es wirklich war: eine rhetorische Waffe. Demokratie, Modernisierung, Freiheit, Befreiung und Bürgerrechte waren im Jahr 1968 seit zwei Dekaden Tatsachen, die weder erkämpft noch verteidigt werden mussten.

Man kann erneut Begriffe in die Waagschale legen: Der Börsenverein des Deutschen Buchhandels, die öffentlich-rechtlichen Rundfunkanstalten, die Amerikahäuser, die großen Journale und Zeitungen, die Akademien, die Literatur- und Kulturpreise wie der Büchnerpreis oder der Goethepreis – all dies sind Errungenschaften der Fünfziger Jahre, nicht der Sechziger. Auch zu nennen ist eine Innovation, die in ihrer Bedeutung für die Verbreitung von Literatur kaum zu überschätzen ist, die Einführung des Taschenbuches in den deutschen Buchmarkt, die es erlaubte, preiswerte Bücher in großer Zahl zu vertreiben, darunter viele Titel aus dem Ausland, ebenso das Hörspiel, als ein weitgehend neues Medium, das ein Publikum in ungeahnter Größe erreichte, nicht zuletzt vor dem Hintergrund einer hohen Zahl an Kriegsblinden. Die Zahl der Leser erreichte in den Fünfziger Jahre eine bis dahin nie gekannte Höhe. Der Literaturbetrieb demokratisierte sich dadurch ganz erheblich und gewährte auch solchen Teilen der Bevölkerung Zugang zu anspruchsvoller Literatur, die ansonsten auch aus Geldgründen primitivere Publikationen gelesen hätten. In den Fünfziger Jahren kam die Weltliteratur massenhaft in deutsche Wohnzimmer.
Die Welt der Eltern ist aus der Sicht der Jugend immer zu eng. Würde heute, ein etwa fünfzig- sechzigjähriger Mensch, gekleidet im Stil der Sechziger Jahre, mit langen

unfrisierten Haaren, Bart, Halstuch, Strickweste und Parka sich um einen Job bewerben, so würde man ihn ziemlich sicher als "muffig" empfinden, und genauso wirken die "Alt-68er", etwa als ältliche Studienräte oder Publizisten auf eine junge Generation von Kindern, Teenagern und jungen Erwachsenen in der Schule. Ihre Art sich zu kleiden, die Redeweise, die Werte und die Ansichten, all dies gehört heute ebenso zum Altbackenen, Langweiligen und Engen, wie die Alten der Fünfziger Jahre auch auf die damals jungen Leute gewirkt haben.

Heute ist vielleicht nicht gerade eine Renaissance der Fünfziger Jahre festzustellen, doch einige Aspekte der Alltagskultur ähneln sich wieder: Wertschätzung von Äußerlichkeiten, Kleidung, und dessen, was man früher "Manieren" nannte und heute, weniger bedrohlich, "Stil" nennt, erfahren einen nennenswerten Aufschwung. Entsprechende Kurse und Publikationen erleben große Nachfrage, nachdem diese Aspekte im Zuge der 68er-Zeit verächtlich gemacht und diffamiert worden sind. Man kann polemisch fragen, welche Umgangsformen heute allgemein (und insbesondere bei offiziellen Anlässen) eher akzeptiert werden würden, die Manieren einer bürgerlichen Familie der Fünfziger Jahre oder die der *Kommune 1*, um zu einem erhellenden Bild zu kommen.

3.2 Harte Faktoren: Wirtschaft und Soziales vor 1968

Das Deutschland der Nachkriegszeit öffnete sich sozial und mental zunächst einmal durch mehrere Wellen von Einwanderungen: erst die Flüchtlinge, dann die Vertriebenen und schließlich die erste Generation von Gastarbeitern aus dem Mittelmeer-Raum. Doch bereits die Flüchtlinge aus dem deutschen Sprachgebiet wurden im Zielgebiet durchaus als fremd empfunden, nicht allein in konfessioneller Hinsicht, wenn etwa protestantische Familien aus dem Nordosten in den mehrheitlich katholischen Süden kamen, sondern auch, was die verschiedenen Dialekte, Gewohnheiten und Lebensweisen betraf. Die Integration gelang dennoch, und die Kinder der Neuankömmlinge sprachen schnell im jeweils üblichen Dialekt der Region und damit oft ganz anders als ihre Eltern.

Dieser Umstand ist bei allen drei der genannten Gruppen mehrheitlich festzustellen. Der Verlust der östlichen, ostelbischen, agrarisch geprägten Gebiete des ehemaligen Reiches an Polen und auch an die DDR machte die Bundesrepublik zu einem westlicheren, südlicheren und städtischeren Land, hob die Bedeutung des Katholizismus im

Zahlen-Verhältnis der Bevölkerung erstmals seit dem Ausscheiden Österreichs 1866 an, und stärkte auch das süddeutsche Element wieder. Der Aspekt des "Preußischen", was auch immer man darunter verstehen wollte, war weitgehend und im Übrigen auch ohne allzu große Trauer verschwunden. In der DDR blieben grundlegende Wesenszüge Preußens indessen erhalten (was unter Umständen auch den eigentümlich unblutigen Verlauf der *Wende* von 1989 zu erklären helfen mag).

Die wirtschaftliche Erfolgsgeschichte der jungen Bundesrepublik erleichterte die Integration der Flüchtlinge und der Vertriebenen vor allem durch den großen Bedarf an Arbeitskräften, der selbst durch die Millionenzahl von Neuankömmlingen nicht gedeckt werden konnte. Deshalb wurden Gastarbeiter aus dem Mediterranen angeworben, vor allem aus Italien, Spanien, Jugoslawien und Griechenland später aus der Türkei – also allesamt Länder, die hinsichtlich ihrer Rolle in den Weltkriegen entweder direkt zu den Verbündeten gehört hatten, von Deutschland oder seinen Verbündeten besetzt gewesen waren oder sich zumindest wohlwollend oder neutral verhalten hatten.
Es ist bezeichnend, dass sich die deutschen Behörden, als sie sich über die Unterbringung der europäischen Gastarbeiter Gedanken machten, zunächst vorschlugen, man kann es kaum glauben, die Gastarbeiter in Lagern unterzubringen, bis die Aufgaben erfüllt wären und die Gastarbeiter wieder heimgeschickt werden würden. Doch die Gastarbeiter blieben und holten ihre Familien nach. Deutschland profitierte von diesen Einflüssen der ersten Generation ohne Frage wirtschaftlich, kulturell und geistig. Die, wenn man so will "Lagertheorie" für Gastarbeiter wurde in Westdeutschland, im Gegensatz zur DDR, bekanntlich nicht umgesetzt und im Ergebnis erschien Deutschland nun erneut südlicher durch die Etablierung von Aspekten mediterraner Lebensart in den deutschen Stadtzentren. Sprichwörtlich wurden die italienischen Restaurants und Eisdielen. Dieser Trend brach seitdem nicht mehr ab.
Die Exporttätigkeit Deutschlands, vor allem im Werkzeug- und Maschinenbau führte dazu, dass deutsche Firmen gleich nach Kriegsende neue, diesmal friedliche Kontakte in die ganze Welt aufbauten und zu pflegen begannen. Heute erscheint das als nichts Besonderes, aber für die früheren Generationen war es keine Selbstverständlichkeit. Vielmehr konnten andere Länder zumeist nur im Rahmen von Kriegen "besucht" werden, ansonsten nur wenn man reich genug war, sich als Tourist durchzuschlagen. Professionelle Kontakte mit Ländern in aller Welt waren außerhalb von Kirchenmission, technischen Diensten, Diplomatie oder Militär für einen durchschnittlichen Eu-

ropäer fast nicht möglich. Für Deutschland kam darüber hinaus noch der Aspekt des frühen Kolonienverlusts hinzu, während das Britische Imperium erst nach dem Zweiten Weltkrieg unterging, als der kommerzielle Tourismus, eine britische Erfindung, schon weitaus verbreiteter war. Die "Generation Hitler" indessen kam durchschnittlich zweimal pro Biographie in andere Länder, nämlich 1914-1918 und 1939-1945. Wie gänzlich anders stellte sich die junge Bundesrepublik dar!

Die Exporttätigkeit betraf nicht nur Wissenschaft und Technik, sondern auch Kunst, Erziehung, Sport und Kultur. Die Olympiaden wurden nach dem Krieg wieder aufgenommen und internationale Festivals und Veranstaltungen fanden nun wieder unter deutscher Beteiligung statt. Ganz gleich, wie man die Qualität dieser Beiträge einschätzen mag, ob man sie als muffig empfindet oder schlicht als zeitbezogen normal – der entscheidende Punkt ist darin zu sehen, dass sich Deutschland wieder am Weltgeschehen in einer konstruktiven und friedlichen, nicht-imperialistischen Weise beteiligte und dies dazu noch im Bewusstsein seiner historischen Verantwortung für den Frieden in der Welt, ein Selbstbild, das für ein Jahrhundert lang verschollen gewesen war.

Mit dem Schuman-Plan und der Gründung der EGKS kam etwas gänzlich Neuartiges auf die europäische Agenda, das künftige Kriege zwischen Deutschland und Frankreich staatsmechanisch unmöglich machte. Wenn mehrere Staaten eine gemeinsame Schwerindustrie betreiben, können sie nicht gegeneinander rüsten – ein entscheidender Kerngedanke der europäischen Integration, der auch dann Schritt für Schritt weitergeführt wurde, als die Ideologen der APO von einem Welt-Vietnam und Guerillakampf in den europäischen Städten träumten. Denn es war die Mäßigung der älteren Generation, die die jüngere Generation im Rahmen des *clash of generations* in die Radikalität trieb. Je zielorientierter, "häuslebauerischer", effektiver und pragmatischer das *Establishment* arbeitete, desto ideologielastiger, aufbrausender und destruktiver musste die Jugend werden, wenn sie anders sein wollte als die Eltern.

Die Einführung der sozialen Marktwirtschaft in Deutschland beruhte auf vier grundsätzlichen Freiheiten, die es in dieser Form noch nie in einem deutschen Wirtschaftsraum gegeben hatte: Zunächst einmal die Konsumfreiheit, das heißt, dass, zumindest in der Theorie, jeder jedes Produkt kaufen konnte. Zweitens die Gewerbefreiheit. Zum ersten Mal in der Geschichte Deutschlands waren Berufswahl, die Wahl des Arbeitsplatzes und die Nutzung des Eigentums wirklich frei.

Drittens die Handelsfreiheit: Produzenten entschieden endlich selbst, wohin sie verkaufen mochten – kein Vergleich zu den Jahren bis 1945 oder auch den zu den wirtschaftlich katastrophalen Jahren der Weimarer Republik. Letztlich, viertens, die Wettbewerbsfreiheit, eng verbunden mit den ersten Punkten, gewährte der deutschen Wirtschaft nicht nur die Vorteile des schnelleren Fortschritts, wie er durch Wettbewerb erfolgen muss, sondern auch die Auffächerung der Produktpalette, die dann entsteht, wenn mehrere Anbieter miteinander konkurrieren. Marktnischen konnten schnell und relativ unbürokratisch genutzt werden. Die Zahl der Unternehmer nahm zu; Eigeninitiative wurde geschätzt und begünstigt, und sie lohnte sich. Die Zahl der Arbeitsplätze stieg und damit auch die Qualität der sozialen Absicherung. Von einer *restaurativen* Politik kann mit Blick auf die Wirtschaft in Deutschland nicht gesprochen werden, weder für die DDR noch für die Bundesrepublik, die beide neue Wege gingen. Niemals zuvor hatte es in Deutschland so starke Gewerkschaften gegeben, die sich auch als Träger des Wirtschaftsraumes Deutschland und seiner Verfassung verstanden. Die Tarifautonomie und die betriebliche Mitbestimmung, Sozialversicherung, Lohnentwicklung, Arbeitszeiten und Arbeitssicherheit sind Aspekte der deutschen Sozial- und Wirtschaftsgeschichte, um die die junge Bundesrepublik von vielen Ländern beneidet wurde. Zum ersten Mal seit fast hundert Jahren erlebte Deutschland eine gewisse Normalität, und genau dies musste zum Ziel in den Auseinandersetzungen der Generationen werden, in denen es ja immer darum geht, die heiligen Kühe zu schlachten.

In den Schriften, Flugblättern, Positionspapieren und Pamphleten der APO setzte man sich mit diesen Tatsachen der wirtschaftlichen Entwicklung der Bundesrepublik nicht auf einer Ebene auseinander, die Akademikern eigentlich angemessen gewesen wäre. Dies lag nicht an einer vermeintlichen intellektuellen Unfähigkeit der "68er" oder an dem durch Jargon verstellten Stil der Zeit, sondern in allererster Linie daran, dass überhaupt keine Absicht vorlag, die Spielregeln der Älteren auch nur im Ansatz zu akzeptieren. Es ging darum, neue Themen und neue Spielregeln zu finden, gleichzeitig nicht mitzumachen und es dennoch besser zu wissen - koste es was es wolle.
Der entfernte und daher für Deutschland unverbindlich-abstrakte Vietnamkrieg bot größere Chancen, den hysterischen Unmut zu formulieren als die Beschäftigung mit den Fakten, die das eigene Land tatsächlich und viel unmittelbarer prägten. Vietnam war ein Thema, das die rebellierende Jugend sich zu eigen machte, weil das "Establishment" zu lange und zu dominant auf seiner Deutungshoheit in Bezug auf die

Bundesrepublik beharrte und sich nicht sonderlich für Vietnam interessierte. Stattdessen interessierte sich die Mehrheit der älteren bundesdeutschen Gesellschaft für ihren eigenen Mythos. Vollbeschäftigung und mehr oder weniger funktionierende Generationengerechtigkeit, steigender Wohlstand und gesundheitliche Versorgung, die auf einem bislang nicht gesehenen Niveau stattfand, sind Aspekte, die für die Entwicklung der jungen Bundesrepublik konstituierend sind und die den "Mythos D-Mark" geprägt haben.

Das internationale Verhältnis zu Deutschland wandelte sich sehr langsam von blankem Entsetzen und Hass über tiefstes Misstrauen, man erinnere sich an den "Morgenthau-Plan", zu der eingestandenen Erkenntnis, dass man westdeutsche Truppen für den Kalten Krieg schlichtweg benötigte und dann weiter zu vorsichtigem Kooperieren und zu weitgehender Normalität und Partnerschaft – ein Prozess der Heilung, der immer noch nicht abgeschlossen ist und der noch weit von dem positiven und freundschaftlichen Zustand entfernt sein dürfte, den die deutsche Perspektive sich inzwischen selbst bescheinigt. Fremdbild und Außenbild differieren hier nach wie vor eindeutig voneinander. Man kann getrost die Behauptung aufstellen, dass sich die Deutschen den Zweiten Weltkrieg selbst schneller verziehen haben, als es Briten, Polen oder Franzosen getan haben. Die Amerikaner und, bemerkenswert, die Russen stehen dabei wohl irgendwo dazwischen.
Die "68er" spielten in diesem Prozess der relativen Normalisierung des Deutschlandbildes in der Welt kaum eine Rolle, die ihren eigenen Intentionen auch nur entfernt entspricht. Ihre Beiträge, wie die antiamerikanischen Demonstrationen und Stellungnahmen gegen den Vietnamkrieg wurden im Ausland nicht in erster Linie als Ausdruck humanistischer Sorge gesehen, als Ausdruck eines neuen deutschen Geistes, sondern häufig vielmehr als erneutes Aufflackern eines als *typisch deutsch* wahrgenommenen, anti-westlichen Ressentiments und des alten deutschen Strebens auf Sonderwegen. Auch die westdeutsche Friedensbewegung wurde international auf diese Weise wahrgenommen.

Der Vorsicht halber muss erwähnt werden, dass die wissenschaftliche Forschung der harten Faktoren beim Entstehen der Studentenbewegung selbst noch kaum Fortschritte gemacht hat. Etwa die Untersuchung des Zusammenhanges zwischen der wirtschaftlichen Stagnation Mitte der Sechziger Jahre und dem Beginn der Revolte kurz nach dem Höhepunkt der Stagnation im Jahr 1967. Das unter dem Begriff "Wirt-

schaftswunder" berühmt gewordene Phänomen der bundesdeutschen Aufbauleistung nach dem Jahr der Währungsreform, war eindeutig zu einem Stillstand gekommen, als die Revolte ausbrach.
Die deutsche Kohle stellte sich gegenüber dem Erdöl und der Importkohle als nicht mehr konkurrenzfähig heraus. Die Zahl der Arbeitslosen stieg an und erreichte Anfang 1967 ihren Höhepunkt mit etwas über einer halben Millionen, was nach den Zeiten der Vollbeschäftigung Ängste auslöste, die weit über ein vernünftiges Maß hinausgingen. Erinnerungen an 1923 und 1929 wurden wach und wurden auch geschürt, nicht zuletzt von der Boulevardpresse.
Die allgemeine Produktivität sank im Vergleich zu den Jahren der Wiederaufbauzeit und, damit verbunden, blieben auch die Steuereinnahmen hinter den Erwartungen zurück, was immer auch einen erheblichen Faktor der Psychologie nicht nur innerhalb von Regierungen, sondern gerade von Volkswirtschaften insgesamt darstellt. Die Wirtschaftspolitik beschränkte sich auf passive Maßnahmen, was neben den eventuellen negativen konjunkturellen Aspekten vor allem jedoch psychologisch falsch war für eine Gesellschaft, die nichts mehr fürchtete als Weimarer Verhältnisse.
Zum ersten Mal seit Gründung der Republik stiegen die Staatsausgaben über das damals so genannte Bruttosozialprodukt, und das hatte Folgen für die Realisierung der Wahlversprechen. Die Zinsen stiegen und die Arbeitslosenquote ebenfalls; Investitionen nahmen ab. Diese deutliche Verlangsamung trug keine dramatischen Züge, aber in der öffentlichen und der veröffentlichten Meinung waren durchaus alarmierte Stimmen zu hören. Wenn auch das Gespenst des Jahres 1929 in seinem Sarg blieb, so muss man die wachsame Feinfühligkeit, mit der die deutsche Wirtschaftsentwicklung von vielen Seiten beobachtet wurde, sehr ernst nehmen. Viele der damals Erwachsenen hatten persönliche Erinnerungen an das Jahr 1929; die Grenze von etwa drei Generationen, innerhalb derer die mündliche Überlieferung bestehen kann, war noch nicht überschritten.
Die Stabilität der D-Mark und Aufbau allgemeinen Wohlstandes waren Aspekte der Staatsräson und nicht zuletzt eine Versicherung gegen Zustände, wie sie die Weimarer Republik erschüttert hatten. Die meisten der verantwortlichen Politiker, ob Regierung oder Opposition, trugen ebenfalls persönliche Erinnerungen an jene Jahre als politisches Erbe mit sich. Gerade vor diesem Hintergrund ist die ansonsten eher wenig überzeugende Parole "Keine Experimente!" zu verstehen. Nicht nur war die deutsche Produktivität und Wirtschaftskraft ein Aspekt der nationalen Identität der frühen Bundesrepublik, den man nicht mit dem heutigen Verhältnis zur deutschen Wirt-

schaftsmacht vergleichen kann; sie war in den Augen vieler auch eine Art Stimmungsbarometer für die Stabilität des politischen Systems insgesamt. Wenn die Wirtschaft stagnierte, stand mehr auf dem Spiel als der nächste Urlaub.
Zur gleichen Zeit geriet die europäische Integration in eine Krise, die in ihren Auswirkungen auf die entstehenden Studentenproteste noch kaum genug gewürdigt worden ist. Der Streit zwischen "Atlantikern" und "Gaullisten" in der bundesdeutschen Regierung trug sicherlich auch in Teilen dazu bei, dass die *Option Europa* an Attraktivität verlor – insbesondere für die Jugend. Je unattraktiver die europäische Zukunft erschien, desto leichter hatten es antiwestliche Gedanken.
Man kann hier Zusammenhänge vermuten, die sich direkt von der Versorgungslage, der realen oder der gefühlten, in die Protestbereitschaft der Bevölkerung hinein ziehen, denn Krisen wie diese treffen vor allem Geringverdiener und Jobber, die sich ihrer Natur gemäß zu einem nicht geringen Teil aus Schülern und Studenten zusammensetzen. Genau dies wiederum waren die Akteure von 1968. Trieb Angst vor wirtschaftlichem Niedergang oder schlechten Job-Chancen eine neue Generation in die politische Radikalität und Fundamentalopposition? Hingen pessimistische wirtschaftliche Aussichten für die nächsten Jahre mit politisch-apokalyptischen Untergangsgedanken zusammen? Kann man die Studentenbewegungen auch als Fluchtphänomen verstehen? Oder muss man die Vorstellung eines langen Marsches durch die Institutionen als eine Art Berufswunschliste begreifen, letztendlich als Wunsch nach Geborgenheit im Beamtendasein? Die später eingeschlagenen Berufswege der Akteure sprechen für sich.
Ob und wie hier eine Kausalität festzustellen ist, werden kommende Studien zeigen, etwa über die Frage, ob Aktivisten von 1968 in besonderem Masse persönlich von diesen mehr oder minder plötzlich eintretenden wirtschaftlichen Schwächen betroffen waren, bevor oder während sie sich der Revolte widmeten.

3.3 Reaktionen auf die Studentenbewegungen

Die beste Waffe der "68er" im Kampf gegen ihre Elterngeneration bestand im Rückgriff auf die totalitäre Epoche der deutschen Geschichte. Wer 1945 mit dem Leben davongekommen war, konnte sich nichts Schlimmeres vorstellen, als eine Rückkehr der Umstände, die zu der Katastrophe geführt hatten. Genau das war der Schwachpunkt, den die radikalen "68er" für ihre Zwecke nützten. Dabei spielt es keine Rolle, ob dies bewusst geschah, planvoll oder einfach dadurch, dass man graduell merkte, mit welchen Verhaltensweisen der größte Effekt zu erzielen war. Der Konflikt suchte sich seine Bahn wie ein Fluss sein Bett findet.

Auf der Seite der älteren Generation nun, konfrontiert mit den Angriffen einer kleinen immer radikaleren Minderheit, sowie einem breiten gesellschaftlichen Trend weg von traditionellen Vorstellungen von Familie, Staat, Beruf und Religion, fanden ebenfalls Rückfälle in hysterische Reaktionsweisen statt. Das kann man anhand der Entwicklung der bundesdeutschen Presselandschaft nachweisen. Kommende Untersuchungen der "68er-Zeit", vor allem medienwissenschaftliche und sicher auch sprachwissenschaftliche, werden zu dem Ergebnis kommen, dass die bürgerliche Presse in der Bundesrepublik eine ähnliche Kurve durchlief wie die Proteste selber, allerdings in einem wesentlich kürzeren Zyklus und mit schwächerer Amplitude. Während der Kern der Revolte noch radikaler und ideologischer wurde, hatten sich viele Vertreter der Medien wesentliche Inhalte der Revolte zu eigen gemacht, nachdem sie zunächst, sicher auch aus Rücksicht auf die vermeintlichen Interessen der Leser und Hörer, aus vorauseilendem Gehorsam, mit Abscheu und Empörung auf die Revolte reagiert hatten. Man könnte auch sagen, dass die Vertreter der bürgerlichen Werte schneller bereit waren, den Rückfall in die Hysterie zu überwinden und zu nüchternerem und versöhnlicherem Ton zu finden.

Im Dezember 1966 hatte etwa die Berliner Morgenpost noch gefordert, die "Störenfriede aus[zu]merzen!". Auch Forderungen, die Studenten in KZs zu internieren oder in "Gaskammern zu schicken", werden überliefert, vor allem jedoch in Publikationen der Studentenbewegungen selbst, in deren Rahmen von bürgerlichen und weniger bürgerlichen Reaktionen auf Demonstrationen berichtet wird. So in den Darstellungen oder Sammlungen von Daniel Cohn-Bendit oder Siegward Lönnendonker und Jürgen Miermeister: "Bei Adolf wäre das nicht passiert" oder "Dutschke, Volksfeind Nummer eins" und ähnliche Parolen sind mit Sicherheit so oder so ähnlich viel häufiger und auch extremer vorgetragen worden, als es beim oberflächlichen Studium der Quellen den Anschein hat.

Man geht sicher nicht zu weit, wenn man sagt, dass die Reaktionen auf die Studenten von einem überreichen Spektrum negativer Emotionen geprägt waren, die zwischen Unverständnis und hysterischem Hass auf die "Nestbeschmutzer" hin und her pendelten. Allein das Tragen von langen Haaren bei Männern konnte Anlass für überaus handfeste Diskriminierung sein. Die Zahl der entsprechenden Quellenbelege für brutale und hysterische Parolen auf beiden Seiten ist hoch. Derart hoch, dass man fast versucht ist, von einer *Gnade der späten Geburt* in Bezug auf die Zeit nach 1968 zu sprechen.

Eine entscheidende Wende jedoch trat mit dem Tod Benno Ohnesorgs nicht nur für die Studenten ein, sondern auch für das bürgerliche Lager - ein Tod, der aus der Perspektive der sich radikalisierenden Studenten zunehmend als politischer Mord aufgefasst wurde, aus der Sicht des "Establishment" zunehmend als ein tragischer Unfall. Die BZ kam zwei Tage nach den Ereignissen zu der abschließenden Bemerkung, man wolle "mit den Studenten leben und nicht gegen sie. Aber auch sie müssen endlich lernen, mit der Bevölkerung zu leben. Als ihr Bestandteil und nicht als ihre Plage". Diese versöhnlicheren Stellungnahmen kann man als den Sieg der integrativen Kraft der Adenauergesellschaft über das hysterische Jahrhundert verstehen oder auch einfach nur als Äußerung des gesunden Menschenverstandes. Bezeichnenderweise wurden solche Ideen, die man insbesondere vor dem Hintergrund der konfliktaversen, harmoniesuchenden Gesellschaft der Adenauerzeit sehen muss, von den radikalen Studenten des SDS als Taktik der "weichen Welle", als indirektes Anzeichen faschistoider Manipulationsversuche gedeutet. Der Verdacht lautete, dass durch die versöhnlichen Töne, man könnte auch sagen, Versuche einer diplomatischen Lösung oder Entschärfung, die weniger radikalen Studenten von der radikaleren Minderheit entfremdet werden sollten. Die revoltierenden Studenten sahen den alten Satz von *Teile und Herrsche* am Werk. Tatsächlich aber handelte es sich aus der Sicht der konservativen, bürgerlichen oder auch sozialdemokratischen Teile der Bevölkerung um etwas anderes: um die Angst vor Weimarer Zuständen, Angst vor Eskalation und Gewalt auf den Straßen und innerer Spaltung der Nation. Der Geist des "Zusammenhaltens" in seinen vielfältigen Ausprägungsformen war ein wesentlicher Faktor des kollektiven Bewusstseins in den Adenauerjahren. Aus diesem Grund und nicht auf der Basis von verschwörungstechnischer Manipulation schlug die bürgerliche Presse oder das, was als solche galt, moderate Töne an, als der erste Tote zu beklagen war.

Der erwähnte Artikel der BZ sprach ferner von einer "Lawine, in deren furchtbare Schuld wir schließlich alle verstrickt wurden" – dies bezog auch die Rolle der Polizei mit ein. Auf der Seite der APO kursierte daher rasch das Wort von der "Dreieinigkeit" von Berliner Senat, Presse und Polizei, ein herbes Missverständnis der wirklichen Zusammenhänge in einer demokratischen Gesellschaft, die nicht nur Angst vor Eskalation hatte, sondern auch an die Regeln des geltenden Rechts gebunden war.

Die Einschätzung wäre in Bezug auf eine Diktatur treffend gewesen, nicht aber in Bezug auf die Bundesrepublik. Diese Fehleinschätzung zeigt auf, in welchen Kategorien die "68er" dachten. Schließlich konnte die Berliner Verwaltung nicht anders vorgehen als in Einzelfällen denkend, was auf Seiten der radikalen Studenten als Verschleierungstaktik neofaschistischer Tendenzen aufgefasst wurde: die hysterische Reaktion des "Es ist wieder soweit".
Der Versuch, die Konfrontation als eine Summe von Einzelfällen zu sehen, bedeutete in den Augen der Revolutionäre auf philosophischer Ebene nichts anderes als einen Verstoß gegen die Regel, dass das Private politisch sei. Daher musste jedes Verfahren gegen eine Einzelperson als politischer Prozess aufgefasst werden, gleich, um welche Anklage es sich handelte. Dazu kommt sicherlich auch jener romantische Effekt, dass es besser, im Sinn von "edler" sei, aus politischen Gründen angeklagt, noch besser: verfolgt zu sein, denn aus Gründen der Ruhestörung oder des groben Unfugs. Dann kam noch die Personalfrage innerhalb der deutschen Rechtspflege hinzu: Mit dieser Perspektive ausgestattet traf die APO nun nämlich auf eine Juristenschaft, die das Dritte Reich fast intakt überlebt hatte. Die Kontinuität zu den Jahren des Nationalsozialismus und darüber hinaus war unbestreitbar, daher musste sich die Begegnung als explosiv herausstellen. Man kann sagen, dass es dem deutschen Rechtswesen gut getan hat, mit den Ausbrüchen und Attacken der radikalen "68er" konfrontiert zu werden, da es sich auch damals schon um ein lernendes System handelte, das inzwischen durch Regeln geleitet, nicht in die alte Hysterie zurückfallen konnte wie zu Roland Freislers Zeiten. Doch der Wandel hin zu heute üblichen Umgangsformen vor Gericht ließ auf sich warten, auch teilweise weit über die Zeit der "68er" hinaus und so fällt es bislang noch schwer, direkte Zusammenhänge empirisch abgesichert nachzuweisen. Kommende Untersuchungen zu Gerichtsakten, Umgangsformen und Etikette vor Gericht werden zeigen, dass nicht einfach ein Verlust an Tradition zu konstatieren ist, wie dies aus den Augen scheidender Richter der Fall gewesen sein mag, sondern eine grundlegende Neuschöpfung eingetreten ist, ein Prozess, der unmittelbar mit Gründung der Bundesrepublik begann, 1968 auf eine harte Prüfung stieß, und der bis heute anhält. Historiker schrecken vor der Frage des "Was wäre wenn" meistens zurück. Im Rahmen einer Polemik ist es erlaubt zu fragen, ob der Wandel der Umgangsformen vor deutschen Gerichten nicht ohnehin stattgefunden hätte, wie groß der Beitrag der "68er" wirklich war und ob nicht der wachsende Einfluss der Amerikanisierung der Bundesrepublik durch professionelle Kontakte auch in Bezug auf das

Miteinander viel wichtiger war. Denn in punkto "Niederschreien" konnten sich APO und andere Autoritäre sicher das Wasser reichen.

Aus der Tagespresse des Jahres 1967, Vorlauf und Aufwärmphase der Konfrontation, sind folgende Bezeichnungen für die Demonstranten zu entnehmen: *Schreihälse, Störenfriede, Radaubrüder, akademische Kampfgruppen, Wirrköpfe, Radikalinskis, neurotische Besserwisser, hysterische Rudel akademischer Halbstarker, Nichtstuer, gemeingefährliche Radikale, Knalltüten.*

Es handelt sich bei diesen Begriffen fast ausschließlich um traditionelles Vokabular von Bürgern, die in Konflikte mit Studenten geraten sind, die meisten davon tauchen bereits im 19. Jahrhundert auf. Die empörte, moralisierende und auch sicherlich von einem gewissen Neid getragene Reaktion nichtakademischer oder poststudentischer Schichten auf studentische Äußerungen von Lebensfreude oder Weltschmerz, was unter Umständen das gleiche ist, war von jeher geprägt durch derartiges Vokabular.

In der Tat war es die Einschätzung der Studenten selber, es mit einem faschistoiden System zu tun zu haben, die sie in die Isolation trieb, anstatt dass sie die Wesenszüge einer liberalen Presselandschaft für ihre Zwecke zu nutzen versuchten.

Die Mehrheit der bürgerlichen Bevölkerung auf der anderen Seite sah in Ruhe und Ordnung die wichtigsten Werte des Zusammenlebens. Wer sich dagegen verging, musste mit Belehrung und Sanktion rechnen. Wenn auch auf nachbarschaftlicher Grundlage vielfach ein Niveau der Spießigkeit erreicht wurde, gegen das auch und gerade aus heutiger Sicht Rebellion geradezu lebensnotwendig war, blieben doch die Regierungen auf den verschiedenen Ebenen zwischen Kommunen und Bund immer an geltendes Recht gebunden, wie Heinrich Albertz, Regierender Bürgermeister von Berlin bis 1967 und immerhin Pastor der Bekennenden Kirche gegenüber der *Welt* sagte: Der Kern des Problems bestehe darin, "Ruhe und Ordnung zu sichern und auf der anderen Seite freiheitliche Rechte nicht zu beschneiden". Das stellte sich nicht immer als einfach heraus, wenn es um die Forderungen der verschiedenen Seiten ging. Daher tat der Staat das, was demokratische Systeme in Konflikten meistens tun, wenn sie gut beraten sind: so wenig wie möglich.

In den Augen vieler Teile der Bevölkerung setzte ein Prozess der Gleichsetzung von APO und SDS mit der jungen Generation insgesamt ein, was ganz selbstverständlich zu absurden Fehleinschätzungen führte und Ausdrucksformen des normalen Generationenkonflikts mit den Erscheinungsformen des *hysterischen Jahrhunderts* miteinander vermischte.

Nicht jeder, der sich gegen den Staat der Eltern auflehnte, tat dies mit hysterischem Hintergrund, doch die ungerechte Einschätzung, und die unfairen, weil auf Argumente nicht eingehenden Bezeichnungen auf beiden Seiten trugen weiter zur Eskalation bei. Die Polarisierung verlor dann ihren Sinn, als die Vielfalt der Gruppen innerhalb des Phänomens APO einfach so groß wurde, dass die Bewegungen mehr oder weniger unspektakulär zerfielen. Je kleiner und radikaler die Restgruppen wurden, desto unerheblicher auch ihr Beitrag zur Weiterentwicklung der Republik. Diejenigen Teile der Studenten, die bereit waren, für ihre Überzeugungen einzutreten und die Veränderungen wünschten ohne sich auf Gedanken von Gewalt und Vernichtung zu berufen, distanzierten sich bald von den Hardlinern. Dies war ein notwendiger Schritt auf dem Weg der Gesundung der deutschen Gesellschaftswirklichkeit aus dem hysterischen Jahrhundert heraus. Die radikalen Theoretiker der APO erklärten diese Normalisierung damit, dass das politische Bewusstsein dieser gemäßigten Teile noch nicht weit genug entwickelt sei. Ein etwa vergleichbares Ergebnis trat für die Versuche der Kontaktaufnahme mit "der Arbeiterschaft" ein, die im Wesentlichen folgenlos blieben.

Insgesamt war das Ergebnis der Revolte ernüchternd, vor allem im Vergleich mit den Hoffnungen, die damit verbunden gewesen waren, was den Druck zur Mythenbildung erklären würde. Realität und erträumte Realität klafften weit auseinander.

Für das Anliegen der nicht-ideologisch basierten Empörung gegenüber den Zwängen der Adenauerzeit kann eine mutige Rede von Peter Schneider vor der Vollversammlung der Fakultäten der FU Berlin 1967 genannt werden:

> [...] *Da haben wir den Einfall gehabt, dass das Betretungsverbot des Rasens, das Änderungsverbot der Marschrichtung, das Veranstaltungsverbot der Baupolizei genau die Verbote sind, mit denen die Herrschenden dafür sorgen, dass die Empörung über die Verbrechen in Vietnam, über die vergreiste Universitätsverfassung schön ruhig und wirkungslos bleibt. Da haben wir gemerkt, dass sich in solchen Verboten die kriminelle Gleichgültigkeit einer ganzen Nation austobt. Da haben wir es endlich gefressen, dass wir gegen den Magnifizenzwahn und akademische Sondergerichte, gegen Prüfungen, in denen man nur das Fürchten lernt, gegen Ausbildungspläne, die uns systematisch verbilden, gegen Sachlichkeit, die nichts weiter als Müdigkeit bedeutet, gegen die Verketzerung jeder Emotion, aus der die Herrschenden das Recht ableiten, über die*

Folterungen in Vietnam mit der gleichen Ruhe wie über das Wetter reden zu dürfen, gegen demokratisches Verhalten, das dazu dient, die Demokratie nicht aufkommen zu lassen, gegen Ruhe und Ordnung, in der die Unterdrücker sich ausruhen, gegen verlogene Rationalität und wohlweisliche Gefühlsarmut - dass wir gegen den ganzen alten Plunder am sachlichsten argumentieren, wenn wir aufhören zu argumentieren und uns hier in den Hausflur auf den Fußboden setzen. Das wollen wir jetzt tun.

Diese kurze Stelle ist, so schlaglichtartig sie auch die akademische Wirklichkeit aus der Sicht eines akademischen Anfängers und Neubürgers beleuchtet, ausreichend, um den Mangel an Spielraum zu beschreiben, der tatsächlich bestand und der aus den Augen der Jugend betrachtet um so schlimmer wirken musste. Das ist auch anhand der Tatsache nachweisbar, dass an vielen Hochschulen SDS und Studentenverbindungen, ansonsten nicht in Symbiose befindlich, gemeinsam für mehr Rechte der Studierenden eintraten und demonstrierten.

Man kann sagen, dass die Erscheinungsform der Studentenbewegungen und -proteste in all ihrer Problematik in besonderem Maße auch ein Spiegelbild der umliegenden Gesellschaft war, was weder der einen noch der anderen Seite zur Entschuldigung gereicht. Dies wird anhand eines weiteren Textes jener Jahre deutlich, eine empörte Stellungnahme aus den ersten Tagen der neueren Frauenbewegung von Heike Sander gegenüber ihren männlichen Mitstudenten und Mitstreitern aus der Studentenbewegung.[24]

Die Hilflosigkeit und Arroganz, mit der wir hier auftreten müssen, macht keinen besonderen Spaß. Hilflos sind wir deshalb, weil wir von progressiven Männern eigentlich erwarten, dass sie die Brisanz unseres Konfliktes einsehen. Die Arroganz kommt daher, dass wir sehen, welche Bretter ihr vor den Köpfen habt, weil ihr nicht seht, dass sich ohne euer Dazutun plötzlich Leute organisieren, an die ihr überhaupt nie gedacht habt, und zwar in einer Zahl, die ihr für den Anbruch der Morgenröte halten würdet, wenn es sich um Arbeiter handeln würde.

---

[24] Rede von Helke Sander (Aktionsrat zur Befreiung der Frauen) auf der 23. Delegiertenkonferenz des "Sozialistischen Deutschen Studentenbundes" (SDS) im September 1968 in Frankfurt/Main

Die fast beliebige Kontrastierung zweier derart verschiedener Quellen einzig zu dem Zweck, ideengeschichtliche Kontinuität zu postulieren ist für den Historiker natürlich eine etwas fragwürdige Praxis. Dennoch ist bemerkenswert, dass sich die Vorwürfe von Restriktion, Arroganz und Unterdrückung kaskadenartig wiederholen. Anders gesagt, es scheint so zu sein, dass die Weitergabe von repressiven Verhaltensformen gegenüber dem jeweils nächst schwächeren Glied der Kette von den Akteuren der "68ern" nicht unterbrochen, sondern im Gegenteil ebenfalls betrieben worden ist. Sahen sich die männlichen Studenten von der bürgerlichen, männlich geprägten Presse gegängelt, so konnten die weiblichen Studenten den männlichen noch nicht graduierten Klassenkämpfern das gleiche vorwerfen. Daraus folgt im Grunde nur eines: Es handelte sich nicht um einen, wie der Mythos will, Kampf der Befreiung der modernen Formen gegen die alten Formen es war kein Prozess der allgemeinen Emanzipation, sondern ein Vorgang der Selbstbewältigung innerhalb eines Generationenkonflikts, der trotz all seiner Schärfe grundlegende Kontinuitäten nicht ausräumen konnte.

Eine dieser Kontinuitäten bestand entgegen der Aussagen des Mythos in der Ausübung von Autorität und einem Mangel an Toleranz, sowie Bereitschaft zur Gewalt. Ein letzter erhellender Text, der hier erwähnt werden soll, ist der eines Flugblattes und trägt den Titel: "Befreit die sozialistischen Eminenzen von ihren bürgerlichen Schwänzen!" Er stellt auch orthographisch und stilistisch eine Steigerungsform des obigen Statements dar:

> *wir machen das maul nicht auf! wenn wir es doch aufmachen, kommt nichts raus! wenn wir es auflassen, wird es uns gestopft, mit kleinbürgerlichen schwänzen, sozialistischem bumszwang, sozialistischer Kinderliebe, sozialistischer geworfenheit, schwulst, sozialistischer potenter geilheit, sozialistischem intellektuellem pathos, sozialistischen lebenshilfen, revolutionärem gefummel, sexualrationellen argumenten, gesamtgesellschaftlichem orgasmus, sozialistischem emanzipationsgeseich - GELABER !*
>
> *wenn's uns mal hochkommt, folgt: sozialistisches schulterklopfen väterliche betulichkeit; dann werden wir ernst genommen, dann sind wir wundersam, erstaunlich, wir werden gelobt, dann dürfen wir an den stammtisch dann sind wir identisch, dann tippen wir, verteilen flugblätter, ma-*

len wandzeitungen, lecken briefmarken: wir werden theoretisch angeturnt![25]

Diese Aufforderung zur Entmannung auf theoretischer Grundlage hat es in sich. Sie verrät indirekt viel über die Stellung der Frau nicht nur in der Studentenbewegung, sondern auch der Gesellschaft jener Jahre überhaupt, die diese Bewegung hervorgebracht hat. Mit anderer Begrifflichkeit wäre der zentrale Vorwurf der Quelle sicherlich auf die nichtsozialistischen Teile der deutschen Bevölkerung auszudehnen gewesen. Die Emanzipation der Frau ist wie so vieles andere aus der "68er-Zeit" kein zentrales Anliegen der Epoche selbst gewesen, sondern ein *ex post* hinzugefügter Mythos, eine Verklärung, die dazu diente, allzu offensichtliche Widersprüchlichkeiten zu bemänteln. Die Aussagen der frühen Feministinnen über das machohafte Auftreten der männlichen APO- und SDS-Prominenz fallen so eindeutig negativ aus wie nur möglich und stellen damit die männlich geprägte Studentenbewegung erneut in eine Traditionslinie mit dem Rest des hysterischen Jahrhunderts mit den anderen Macho-Veranstaltungen der Reichsgründung und der beiden Weltkriege.

3.4 Das Ende des hysterischen Jahrhunderts: 1989 und heute

Die Zeitenwende der frühen Neunziger Jahre stellt die Vorgänge von 1968 an Bedeutung weit in den Schatten. Nicht nur sind "kleinere" Unrechtsregime wie das der südafrikanischen Apartheid oder der chilenischen Diktatur verschwunden, auch die Verfassungswirklichkeit eines enormen Teils der Nordhalbkugel hat sich innerhalb weniger Jahre drastisch verändert. Die Klammer von 1945 hat sich geschlossen, und ein Jahrzehnte alter Riss durch die Welt begann, sich langsam zu schließen; er ist immer noch dabei dies zu tun.

Die Liste der betroffenen Länder, Städte und Regionen ist lang und reicht von den Peripherien Osteuropas bis nach Berlin selbst, mit gravierenden Folgen für das Weltbild der damaligen "68er", denn die friedlichen Revolutionen des Jahres 1989 stehen nicht in der Tradition von Berlin und Frankfurt des Jahres 1968. Sie wurden vielmehr in wesentlichen Teilen von bürgerlichen Werten wie in Prag und Budapest, von christlichen Vorstellungen, wie vor allem in Danzig und Warschau, nationalen und

[25] Vgl. www.frauenmediaturm.de/889.html

regionalen Perspektiven ("Sachsen den Sachsen!") und von Pazifismus ("Keine Gewalt!") vorangetrieben.
Gleich zu Beginn der Veränderungen gründeten sich Versammlungen und runde Tische, aber Rufe nach Rätedemokratie drangen nicht effektiv durch, selbst, wenn es sie teilweise gegeben hat. Die ursprünglichen Initiatoren der Bürgerbewegungen hatten der sozialistischen Utopie noch wesentlich näher gestanden als die Vielzahl derer, die die Revolutionen dann auf eine Ebene von breiten Volksbewegungen hoben und weder von sozialistischen Ideen noch von deren Terminologien etwas wissen wollten. Hierin liegt die Ironie, oder wenn man so will, die tiefere Wahrheit der sozialistischen Dissidenten, der Wende aber auch von *Glasnost* und *Perestroika* in Moskau, dass das Projekt, den real existierenden Sozialismus trotz allem zu retten, in der Auflösung des Sozialismus an sich seinen Höhepunkt fand.

Das *hysterische Jahrhundert*, die Zeit zwischen 1870 und 1968, war von Gedanken des Endkampfes geprägt, während zwanzig Jahre später die Bürgerrechtsbewegungen in Mitteleuropa davon überzeugt waren, dass sich ein gemeinsamer *Modus vivendi* finden lassen würde: *Koexistenz*, langsame *Entwicklung* lauteten die Stichworte, nicht *Weltrevolution* oder *Stadtguerilla*. Das zeigt sich vor allem auch im verwendeten Vokabular der Demonstranten von Leipzig und anderen Brennpunkten der Befreiungsbewegungen, wo, von Kirchen ausgehend, nicht von Universitäten, eine neue Konfliktform entstand, die sich an den Methoden Gandhis orientierte und nicht an denen eines Che Guevara - zwei Antipoden des Widerstandes gegen übermächtige Gegner. Sie wollten Gewaltenteilung und repräsentative Demokratie anstelle des alten Obrigkeitsstaates setzen, der Märzrevolution in dieser Hinsicht vergleichbar: 1848 war es der Fürstenstaat gewesen, anderthalb Jahrhunderte darauf der SED-Staat, der seine Bürger, Untertanen, oder Subjekte zu unmündigen Bittstellern degradiert hatte.
Bei aller gedanklicher Vielfalt, die Revolten und Revolutionen mit sich zu bringen pflegen, fällt in Bezug auf den Vergleich der Ereignisse von 1968 und 1989 vor allem der Umstand auf, dass Ideologien, geistiger Anspruch einer intellektuellen Avantgarde fast vollkommen aufgehört hatten, eine Rolle zu spielen. Die philosophische Aussage der ostdeutschen Demonstranten beruhte auf dem *common sense*, dem gesunden Menschenverstand, der besagte, dass es so nicht weitergehe. Eine Einschätzung, die sie mit Michail Gorbatschow teilten.
Dabei blieb der Anspruch in aller Regel moderat: Es ging zunächst um eine Reform der DDR, um eine schrittweise Befreiung. Nicht nur Ideologie und wissenschaftlicher

Slang fehlten, auch der Anspruch, das historisch Richtige zu tun und die Welt in welcher Weise auch immer zu retten, waren weitgehend abwesend. Das zeigte sich an den pragmatischen Forderungen nach Reisefreiheit. Es fehlte der ideologische Überbau, der Slang einer elitären Avantgarde, es gab keine APO und keinen SDS in der DDR der Wendezeit, auch wenn die Bürgerrechtsbewegungen ebenfalls außerparlamentarisch waren. Sie forderten, auf Gewalt zu verzichten, weil sie wussten, wozu totalitäre Regime in der Lage sind. Es war bei aller Angst vor einer "chinesischen Lösung" eine größtenteils un-ideologische, nicht-hysterische Revolution, nicht geführt von einer akademischen Elite, vielleicht sogar überhaupt nicht von irgendeiner Elite geführt, und nicht vorrangig getragen von der akademischen Jugend, denn 1989 war kein Generationenkonflikt. Die Rolle der Studenten bei den Protesten war sicherlich auch in Leipzig und den anderen Orten der Bewegungen signifikant, aber es war keine Studentenbewegung. Das konnte man auch an den Slogans ablesen: "Wir sind das Volk!", hieß es bekanntlich. Da es sich um eine Massenbewegung handelte, die jedoch keine sozialistische Richtung einschlagen wollte, stieß sie auf wenig Verständnis bei der bundesdeutschen Linken.
Die ungleichen Beziehungen, Bilder und gegenseitigen Bewertungen zwischen diesen beiden Gruppen systematisch zu erforschen, ehemalige APO-Leute in der Bundesrepublik und Bürgerrechtler im Osten, dürfte über die Massen aufschlussreich für ein tieferes Verständnis der Vorgänge auf beiden Seiten sein. Ein Ergebnis könnte lauten, dass diejenigen Teile der deutschen Linken, die sich in der Tradition von 1968 sahen, die emotionale Bedeutung der Revolutionsinhalte von Leipzig und Berlin als reaktionär auffassten, während sich die Vertreter der Befreiungsbewegungen in Ostdeutschland nur sehr peripher mit dem "Phänomen '68" befassten, weil für sie von diesen Bewegungen wenig zu lernen war. Stattdessen orientierten sie sich mehr, wie der Pfarrer der Nikolaikirche, Christian Führer, an den Schutz- und Verteidigungstechniken der amerikanischen Bürgerrechtsbewegung der Fünfziger Jahre.

Die Demonstranten und Dissidenten der mitteleuropäischen Länder zog es nach Westen, hin zu den neuen Werten der Europäischen Gemeinschaften, zurück zu den alten Werten des christlichen Abendlandes und der Bürgergesellschaft, zu *Rule of Law*, und dem Schutzkreis der Nato. Die Forderung nach Aufnahme in die westeuropäischen Organisationen war schließlich nichts anderes als eine Forderung nach dem Austritt aus dem russisch-sowjetischen Machtapparat, unter dem diese Länder so viele Jahrzehnte gelitten hatten. Sowohl was die Protestformen als auch was die Inhalte

des Protests betrifft, steht 1989 in ganz Mitteleuropa nicht in der Tradition von Mao, Stalin und Che Guevara sondern diesen diametral entgegen: Die katholische Solidarnosc, die tschechischen Intellektuellen und Dichter, die sich Paris und Wien näher fühlten als Moskau, die Rolle des polnischen Papstes in Rom und die Friedfertigkeit der Demonstranten zwischen Leipzig, Danzig und Prag.
Deshalb ist es verständlich, wenn ein großer Teil der deutschen "Alt-68er" den Forderungen nach Wiedervereinigung, wie sie bald laut wurden, skeptisch und ablehnend begegneten: Das Thema "Nation", das die Generation von 1968 abgehakt glaubte, trat wieder auf die Agenda und wurde auf eine Weise gelöst, die der Vorstellungswelt der ehemaligen Studentenrevolutionäre nicht entsprechen konnte. Dies ist an der Art und Weise abzulesen, wie die bundesdeutsche Linke in den Monaten der Wende das immer deutlicher erklingende Motiv der Wiedervereinigung erst auszublenden, dann zu diffamieren versuchte, etwa in dem Slogan "Lass dich nicht BRD-igen".
In den einschlägigen Biographien, auch ein zu erschließendes Forschungsfeld in Bezug auf 1968, tritt diese Sichtweise in erster Linie als Besorgnis auf, als moralisches Problem der Verantwortung vor der eigenen Geschichte. Aus amerikanischer Sicht jedoch, erschien diese Besorgnis und Zögerlichkeit als ein Weglaufen vor den Realitäten und den Verantwortungen, die sich daraus ergeben. Ein besonders deutlicher Vertreter dieses Vorwurfes war Henry Kissinger. Unter dem Schlagwort "Patriotismusdebatte" ist diese Frage dann jahrelang und relativ fruchtlos erörtert worden.

Die moderate Sichtweise auf das Problem "Patriotismus" stellt sich für die Tradition von 1968 etwa so dar: Da Hitlerdeutschland für unsagbares Leid verantwortlich war, für Weltkrieg und Holocaust; außerdem für zahllose andere Verbrechen gegen die Menschlichkeit, muss mit dem Begriff der Nation für Deutschland sehr kritisch umgegangen werden. Es steht den Deutschen nicht zu, sich selbst aus der historischen Schuld zu entlassen, bevor es die anderen Nationen getan haben.
Diese Überzeugung hat ohne Frage nicht nur eine gewisse moralische, sondern auch eine historische Berechtigung, doch wandelt sie sich leicht zu einem moralischen Manipulationsinstrument, wenn sie aus einer Position gesicherter Pensionen heraus an die Adresse von Bürgerrechtlern gerichtet wird, die mit den Techniken des MfS konfrontiert sind.
Die zugespitzte Version fügt noch hinzu, dass es nicht allein um Patriotismus gehe, sondern auch um konkretes deutsches Militärengagement im Ausland, gleich unter welchen Bedingungen und unter wessen Leitung. Auch dieses Argument ist nicht so

einfach von der Hand zu weisen. Gegner dieser Position weisen darauf hin, dass es auch eine Lehre aus dem Nationalsozialismus sein könne, gegenüber Gewaltregimes nicht tatenlos zu bleiben und abzuwarten, wie weit sie gehen würden, wie dies etwa kurz vor Ausbruch des Zweiten Weltkrieges seitens der europäischen Mächte getan wurde. Spätestens auf dieser Stufe kann man sich des Eindrucks nicht erwehren, dass die Argumente für oder gegen Einsätze mit Berufung auf die deutsche Vergangenheit den Status der Beliebigkeit erreicht haben, weswegen auch die jüngste Debatte über die Frage, ob man "auf sein Land stolz" sein könne, beziehungsweise dürfe oder nicht, im Grunde ganz unerheblich und inhaltsfrei blieb.

Seit der Wende und seit der Aufnahme der mitteleuropäischen Länder in die EU, seit dem tatsächlichen Ende des Kalten Krieges ist ein neuer Stil auf allen Ebenen entstanden: das Auftreten von Politikern in der Öffentlichkeit, der Stil von TV-Moderatoren, die Art und Weise, wie demonstriert und protestiert wird, in welchen Begriffswelten sich die Publizistik bewegt und wie man politische Gegner behandelt. Der scharfe, arrogante, bösartig-abkanzelnde Ton, wie er von der alten Generation des *hysterischen Jahrhunderts*, von Konrad Adenauer, Franz Josef Strauß, Herbert Wehner oder Helmut Schmidt, aber auch von Rudi Dutschke noch gepflegt wurde, ist untergegangen, ohne dass Entschiedenheit, Ernst und Überzeugung verschwunden wären. Die Deutschen sind im Ton menschlicher geworden, und dies ist kein Verdienst der Ideologen und Apologeten der Guerillas in den Metropolen.

Die moderne Einsicht in den letztlich regionalen Charakter von weltweiten Strukturen, hat gerade in der Zeit der Globalisierung, ein Begriff aus den frühen fünfziger Jahren, derart zugenommen, dass man gegenüber allen radikalen und globalen Lösungsentwürfen zu Recht immer misstrauischer geworden ist. Die Einsicht, dass die politische Welt nicht einfach "gut oder böse" sei, wie es einmal von Ronald Reagan formuliert worden ist, beziehungsweise gut, neutral und böse sei, ist weit genug verbreitet, um Europa vor den gedanklichen Fallen dieser zu simplen Weltsicht zu schützen. Das hat nicht zuletzt damit zu tun, dass die Europäer heute bereit und in der Lage sind, sich mit den tatsächlichen lokalen Bedingungen derjenigen Länder zu befassen, um die sie sich sorgen.

Die Deutschen haben, gelernt, geduldiger miteinander zu sein, toleranter zu diskutieren, etwas weniger besserwisserisch und missionarisch sein zu müssen, weniger bedeutungsschwer aufzutreten, weniger zu leiden unter sich und der Welt, was ein gutes Zeichen ist. Sie haben gelernt, die Gesamtverantwortung Deutschlands nicht anderen

Teilen der Gesellschaft zuzuschieben, dem anderen deutschen Staat, den Eltern, den Kapitalisten oder den Radikalen, sondern das Erbe als Ganzes so zu tragen, wie es jeder für sich kann und versteht.

3.5 Nostalgie, Vergangenheitsbewältigung und Mythos

In Bezug auf das Dritte Reich, die DDR und die Zeit der "68er" werden häufig drei Begriffe verwendet, die verschiedene Motivationen erklären sollen, sich mit dem Gegenstand auseinanderzusetzen. Diese Begriffe lauten: *Vergangenheitsbewältigung* für das Dritte Reich, *Mythos* für das Jahr 1968 und *Nostalgie* oder "Ostalgie" in Bezug auf die DDR.

Das ist bemerkenswert, denn der Substitutionstest ergibt, dass der Begriff ein "Mythos des Dritten Reichs" außerhalb gewisser populär-historischer Fernsehserien relativ selten auftaucht, der Begriff Nostalgie, wenig überraschend, überhaupt nicht. Von "Vergangenheitsbewältigung in Bezug auf 1968" wird nicht gesprochen, fast ist man versucht zu sagen, *noch nicht*, und auf die DDR-Zeit gemünzt, ist dieser Begriff nur sehr selten anzutreffen.

Daher lohnt es sich, nach dem Gehalt dieser Begriffe zu fragen und nach Unterschieden zu suchen: Was sagt die Verwendung der Begriffe *Vergangenheitsbewältigung*, *Mythos* und *Ostalgie* in Bezug auf die deutsche Geschichte aus?

"Bewältigen" bedeutet soviel wie "zurechtkommen mit etwas", und das wiederum setzt voraus, dass dies aus einer eigenen Perspektive heraus geschieht. Für die Bewältigung ist ein klarer Standpunkt notwendig. Erst, wenn die eigene Position in Bezug auf den Gegenstand feststeht, hat die Bewältigung Chancen, von Dauer zu sein. Daher ist Vergangenheitsbewältigung nur auf der Grundlage von Selbstbewältigung möglich und ist gleichbedeutend mit der Annahme eines Erbes, das man nicht ausschlagen kann, wobei das Erbe nicht unkritisch übernommen werden muss, sondern, im Gegenteil, so gründlich wie möglich untersucht werden soll. Genau das geschieht in Bezug auf das Dritte Reich. Es gibt keinen Forschungsgegenstand der von der weltweiten historischen Forschung so flächendeckend und tief greifend untersucht worden wäre, wie der Nationalsozialismus in seinen diversen Facetten. Man kann sagen, dass so gut wie alle "Mythen" in Bezug auf die Hitlerzeit von der Forschung inzwischen gründlich zerstört worden sind, auch wenn einige davon im kollektiven Gedächtnis weiterhin Bestand haben, wie die öffentlichen Reaktionen auf die diversen Wehrmachtssaustellungen oder auf das Buch Daniel Goldhagens gezeigt haben. Durch wissenschaftliche Erkenntnisse werden Mythen nicht dadurch zerstört, dass die Halter der Mythen gewissermaßen "bekehrt" werden, sondern vor allem dadurch, dass kommende Generationen sowohl Mythos als auch dessen Dekonstruktion kennen lernen, was den Mythos schwächt. Man kann auch sagen, Mythen sterben meist erst dann aus, wenn ihre Träger aussterben.

Da Mythen aber meist in Kurzform auftreten und sogar in formelhafter Gestalt weiterleben können, wenn der Hintergrund der Formeln längst untergegangen ist, haben Mythen gegenüber echter Vergangenheitsbewältigung immer einen Vorteil: Sie überleben da, wo keine Zeit für eingehende Beschäftigung mit dem Gegenstand bleibt, oder wo die Betreiber der Beschäftigung identisch sind mit dem Gegenstand, wie in vielen Fällen der deutschen akademischen Landschaft, die sich mit dem Thema "1968" befasst. Viele Vokabeln verraten den Charakter der Selbsthistorisierung und Selbstheroisierung auf deutliche Weise, wie etwa der "Marsch auf Bonn" oder die "Schlacht am Tegeler Weg" - ein Umstand, den Jutta Ditfurth auf einer Berliner Gedenk-Veranstaltung[26] zu zwanzig Jahren 1968 "Altherrenromantik" nannte und über den Klaus Landowsky zur gleichen Gelegenheit sagte:

> *Mich erinnert das so ein bisschen an Landsergeschichten, an Veteranentreffen, an Klassentreffen, um die eigene Zeit vor zwanzig Jahren nun mit einem Glorienschein zu umgeben, und das führt mitunter zu Geschichtsklitterung.*

Der Aspekt des Zeitmangels beim Erzählen kommt nicht nur an den sprichwörtlichen Stammtischen zum Tragen, wo, so will es das Vorurteil, nichts anderes als solche Schablonen wiederholt werden, sondern vor allem auch in Bezug auf die Multiplikatoren in den Medien, die aufgrund von hohem Zeitdruck Darstellungen zu Themen produzieren müssen, ohne die Muße zu haben, sich mit dem Gegenstand auf tatsächlich erhellende Weise zu befassen. Dieser Zusammenhang kann die Tatsache erklären, warum die "68er-Zeit" auch in anspruchsvollen journalistischen Medien kaum jemals über das Niveau von Nacherzählungen bereits existierender Darstellungen hinauskommt. Dies wird sich ändern, wenn die quellengestützte Beschäftigung mit

---

[26] www.glasnost.de/hist/apo/apo881.html

dem Thema zu den ersten handfesten Ergebnissen gekommen sein wird. Auch dies wird mit einer deutlichen Schwächung des *Mythos von 1968* verbunden sein.

Gute Vergangenheitsbewältigung muss schmerzlich sein, wenn sie funktionieren soll; sie muss Lebenslügen und Hybris zerstören, denn sie schließt den Einzelnen immer mit ein und fragt ganz direkt nach der individuellen Beziehung des Einzelnen zum Gegenstand und zur Vergangenheit seiner Kultur. Die härteste Frage lautet: "Was hätte ich damals getan?"
Je nach Antwort sprechen wir von Nostalgie, Mythos oder Vergangenheitsbewältigung: "mitgemacht – gekämpft – gelitten – ich weiß es nicht"
Ist es ein Verdienst der gegenwärtigen Generationen, wenn wir heute zum Thema des Dritten Reiches eine etwas nüchternere, verantwortungsvollere und ehrlichere Einstellung haben? Sicherlich muss man dem immer größer werdenden zeitlichen Abstand Rechnung tragen: Inzwischen hat die mündliche Tradition die Grenze jener drei Generationen erreicht, die die *oral tradition* in der Regel prägen, nämlich jene kreisförmige Grenze, die Großeltern und Zeitzeugen, Eltern und Kinder zu einem erzählerischen Ganzen zusammenschließt. In vielen Familien gibt es bereits niemanden mehr, der die Jahre des Nationalsozialismus noch erlebt hat. Immer, wenn das der Fall ist, sterben auch die dazugehörigen Lebens-Nostalgien mit aus, übrig bleiben Vergangenheitsbewältigung und Mythos.
Nostalgie betrifft in erster Linie meist das jeweils eigene Leben; sie ist eine Technik der Rückschau unter fortschreitender Ausblendung der damaligen Härten. Nostalgie hat immer auch mit Wehleidigkeit und Nabelschau zu tun. Daher ist sie automatisch altmodisch und weder produktiv noch destruktiv, also ganz im Gegensatz zu Mythos und Vergangenheitsbewältigung: Nostalgie bewahrt, Mythen bauen, Bewältigung stutzt zurecht.
Durch nostalgische Reaktionsweisen entstehen Gegenwelten, Abwehrkosmen innerhalb von weitergezogenen Gesellschaften. Als ein Paradebeispiel innerhalb der historischen Erforschung dieses Phänomens wird häufig die Zeit nach Napoleon Bonaparte in Frankreich genannt, als der Bonapartismus nach 1815 zu einer Art *Andenkenkult* degenerierte, bevor er unter Napoleon III. erneut zu relativ hoher Blüte gelangte.
Mythen dienten etwa bei den alten Griechen dazu, die Herkunft ihrer Götter und Heroen zu überliefern. Da viele Götter auch Städtegründer waren, gelang es auf diese Weise elegant, der eigenen Stadt einen glanzvolleren Ursprung zu verleihen. Daraus wiederum konnten verschiedene Rechte in Bezug auf andere Staaten abgeleitet wer-

den, denn unter den Göttern gab es selbstverständlich ebenso Hierarchien wie unter den Menschen. Ein politischer Mythos hat eine ähnliche Funktion. Er dient dazu, die Ursprünge von Bewegungen, Organisationen oder Ideen auf eine quasi-religiöse Ebene zu heben und oft auch in Form von Anekdoten überlieferbar zu gestalten. Da diese Erzählungen meist kurz sind, geschieht dies auf Kosten der Differenzierung, die das Kernstück der Vergangenheitsbewältigung ausmacht. Man könnte die Beziehung dahingehend zuspitzen und sagen, dass gute Mythen und "Nostalgien" Instrumente der Lebenslüge sein können, gute Vergangenheitsbewältigung jedoch niemals.

4. Schlussbemerkung

Die Jugend der unmittelbaren Nachkriegszeit, also etwa zwanzig Jahre vor Ausbruch der Revolten von 1968, hörte spezielle Jugendmusik, genau wie überall auf der Welt; weigerte sich, an gesellschaftlichen Prozessen teilzunehmen und wollte von bürgerlichen Tugenden nichts wissen, sondern suchte in Gruppen von Gleichgesinnten Trost und Zuflucht, ließ sich aus Sicht der Eltern alberne Frisuren schneiden und kleidete und benahm sich entsprechend gänzlich unschicklich. Bereits in der Weimarer Zeit waren ähnliche Beobachtungen über den Zustand der Jugend gemacht worden und in den Sechziger Jahren, als die Vertreter der APO begannen, in Wohngemeinschaften zu leben, setzte sich dieser Trend weiter fort. Der Aspekt des Generationenkonflikts ist von der Wahl der Mittel des Konflikts zu unterscheiden. Denn während es zur Normalität der Abfolge von Generationen gehört, dass unterschiedliche Werte hart aufeinander treffen, gehört der tatsächliche Kampf jenseits von individuellen Konfrontationen eher zu den Ausnahmen. Bei Ludwig Klages erscheint der Übergang von einer Art Werten zu einer anderen sehr deutlich, wobei zu fragen bleibt, wie groß der Anteil der Studentenbewegung daran tatsächlich war. Klages nannte Pflicht- und Akzeptanzwerte wie Werterhaltung, Leistung, Verzicht, Achtung von Recht und Gesetz, die sich in neue Werte, Entfaltungswerte, wie individuelle Selbstverwirklichung, Offenheit und Unabhängigkeit verwandeln. Dieser Bruch kennzeichnet sicherlich auch das Jahrzehnt der Studentenbewegungen. Wie sahen frühere Konflikte zwischen den Generationen aus? Welche Stereotypen wurden auf beiden Seiten verwendet und wie stellen sich die Argumente von älterer und jüngerer Generation über den Lauf von mehreren Jahrhunderten dar? Hier hilft ein kurzer Blick auf die Geschichte der Generationenkonflikte, beziehungsweise auf historische Stellungnahmen zum Thema *Jugend von heute*:

Der Philosoph und Lehrer Sokrates monierte die Tatsache, dass die jungen Leute (rund vierhundert Jahre vor Christi Geburt) ihre Lehrer tyrannisierten und schlechte Zuhörer waren. Sein etwas späterer Kollege Aristoteles fürchtete sich vor der Unverantwortlichkeit und dem entsetzlichen Aussehen der jungen Leute und kritisierte besonders den Verlust jeglicher Selbstbeherrschung und Sittlichkeit in Bezug auf den Liebesgenuss – er schrieb dies als Mann in den besten Jahren. Weitere Begriffe des Vorwurfs lauteten: zornmütig, allzu leidenschaftlich aufbrausend, wild.

Der Akademiedirektor Platon wiederum hatte zuvor über die Respektlosigkeit, Begehrlichkeit und Zuchtlosigkeit geklagt, und darüber, dass die Erfahrungen und Lehren der Älteren zunehmend missachtet würden, doch im Grunde empörte er sich hauptsächlich darüber, dass die Jugend sich anmaßte, gleichberechtigt im Disput aufzutreten. Dem römischen Dichter Horaz ist ferner aufgefallen, dass die jungen Männer allgemein wenig geneigt seien, sich die Ratschläge der Väter anzuhören, weswegen Gregor von Tours im frühen Mittelalter dazu riet, die besonders hoffnungslosen Fälle einfach in Klöster zu stecken, doch am besten brachte es ein anonymer Mönch des Dreizehnten Jahrhunderts auf den Punkt: Die Jugend sei an nichts anderem interessiert als an sich selbst und rede so, als wüsste sie bereits alles. Was aber die jungen Frauen betreffe, so sprach der Fachmann aus dem Kloster, diese seien unbescheiden und wenig feminin, sowohl im Inneren als auch was das äußere Erscheinungsbild betreffe.

Historiker haben die Aufgabe, das damals Geschehene in den Kontext des damals Bestehenden einzugliedern. Auf diese Weise kann der Gegenstand nach den Kriterien der jeweiligen Zeit verstanden werden. Aber der Blick aus dem Heute auf das Gestern ist nie ganz fair, stets bleibt das Vorwissen, das eigentlich ein Nachwissen ist; immer hat der Historiker den Vorteil, über Informationen zu verfügen, die die damaligen Akteure in der Regel nicht hatten. Auch wenn dem Historiker seinerseits viele Aspekte unbekannt bleiben müssen, so hindert ihn dies in aller Regel jedoch nicht an Interpretation und Urteilsfindung. Das Aufeinandertreffen widersprüchlicher Urteile macht die Geschichtsschreibung daher zu einer Wissenschaft, der gewisse sportliche Züge nicht ganz abzusprechen sind.

Die Gründe des Scheiterns der "68er" waren auch die Gründe für ihre Normalisierung und Entideologisierung, denn als klar wurde, dass weder ein neues Drittes Reich entstehen würde noch eine sozialistische Räterepublik, sondern im Gegenteil das stabilste, reichste, sicherste, freieste und "normalste" Staatswesen, das je auf deutschem Boden existiert hatte, setzte ein Prozess der langsamen Gesundung und Aussöhnung der "68er" mit ihrer deutschen Herkunft ein, der freilich noch nicht abgeschlossen ist.

Weitere Lektüre

BAUMANN. MICHAEL. (1975). *Wie alles anfing*. Frankfurt am Main.

BECKER. THOMAS; UTE NEUMANN (Hg.) (2000). *Quellenkunde zur Geschichte der Studentenproteste 1965-1970*. Bonn.

BECKER. THOMAS; UTE SCHRÖDER (Hg.) (2000). *Die Studentenproteste der 60er Jahre*.

BÖCKELMANN. FRANK; HERBERT NAGEL (Hg.) (1976). *Subversive Aktion. Der Sinn der Organisation ist ihr Scheitern*. Frankfurt am Main.

BUDE, HEINZ (1987) *Deutsche Karrieren*. Frankfurt am Main.

DUTSCHKE. GRETCHEN (1996). *Wir hatten ein barbarisches, schönes Leben*. Köln.

FAHLENBRACH. KATHRIN (2002). *Protest-Inszenierungen. Visuelle Kommunikation und Kollektive Identitäten in Protestbewegungen*. Wiesbaden.

FINK. CAROLE; PHILIPP GASSERT; DETLEF JUNKER (Hg.) (1998). *1968. A World Transformed*. Edited by The German Historical Institute. Washington. D.C.

GASSERT. PHILIPP; PAVEL A. RICHTER (1998). *1968 in West Germany. A Guide to Sources and Literature of the Extra-Parlimentarian Opposition*. Washington.

GILCHER-HOLTEY. INGRID (2001). *Die 68er Bewegung. Deutschland. Westeuropa. USA*. München.

GILCHER-HOLTEY. INGRID (Hg.) (1998). *1968 - vom Ereignis zum Gegenstand der Geschichtswissenschaft*. Göttingen.

JACOBSEN. HANS-ADOLF; HANS DOLLINGER (Hg.) (1969). *Die deutschen Studenten. Der Kampf um die Hochschulreform. Eine Bestandsaufnahme. Von den Herausgebern erweiterte und aktualisierte Ausgabe*. München.

JUERGEN MIERMEISTER/JOCHEN STAADT (Hg.) (1980). *"provokationen. die studenten- und jugendrevolte in ihren flugblaettern 1965-1971"*. Darmstadt

KOENEN, GERT (2002). *Das rote Jahrzehnt*. Frankfurt am Main.

KRAUSHAAR. WOLFGANG (1998). *1968. Das Jahr. das alles verändert hat*. München.

KRAUSHAAR. WOLFGANG (2000). *1968 als Mythos. Chiffre und Zäsur*. Hamburg.

KRAUSHAAR. WOLFGANG (Hg.) (1998). *Frankfurter Schule und Studentenbewegung. Von der Flaschenpost bis zum Molotowcocktail.* 3 Bände. Hamburg.

KUNZELMANN. DIETER (1998). *Leisten Sie keinen Widerstand. Bilder aus meinem Leben*. Berlin.

LARSSON. BERNARD (1998). *Berlin - Hauptstadt der Republik. Fotografien aus einer geteilten Stadt 1961-1968*. Göttingen.

LÖNNENDONKER. SIEGWARD (Hg.) (1998). *Linksintellektueller Aufbruch zwischen 'Kulturrevolution' und 'kultureller Zerstörung'. Der Sozialistische Deutsche Studentenbund (SDS) in der Nachkriegsgeschichte. Ein Symposium*. Opladen.

LÖNNENDONKER. SIEGWARD; BERND RABEHL; JOCHEN STAADT (Hg.) (1999). *Die antiautoritäre Revolte. Der Sozialistische Deutsche Studentenbund nach der Trennung von der SPD*. Wiesbaden.

LÖNNENDONKER. SIEGWARD; TILMAN FICHTER; JOCHEN STAADT (1983). *Hochschule im Umbruch. Teil V. Gewalt und Gegengewalt (1967-1969). Ausgabe von Siegward Lönnendonker. Tilman Fichter und Jochen Staadt unter Mitarbeit von Klaus Schroeder*. Berlin.

LÜBBE. HERMANN (1978). *Endstation Terror. Rückblick auf lange Märsche*. Stuttgart.

LÜBBE. HERMANN (1988). "Der Mythos der 'kritischen Generation'. Ein Rückblick." In: *Aus Politik und Zeitgeschichte* 20. S. 17-25.

MANNHEIM, KARL (1964) *Das Problem der Generation*. Neuwied.

MAGNUM-PHOTOS (1998). *1968. Ein Jahr, das die Welt bewegt*. Heidelberg.

MIERMEISTER. JÜRGEN (1986). *Rudi Dutschke mit Selbstzeugnissen und Bilddokumenten*. Reinbek bei Hamburg.

OTTO. KARL A. (1989). *APO - Die ausserparlamentarische Opposition in Quellen und Dokumenten*. Köln.

RUETZ. MICHAEL (1997). *1968. Ein Zeitalter wird besichtigt*. Hamburg.

RUETZ. MICHAEL (Hg.) (1980). *Ihr müsst diesen Typen nur ins Gesicht sehen. APO Berlin 1966-1969*. Frankfurt am Main.

SCHEPERS. WOLFGANG (Hg.) (1998). *68. Design und Alltagskultur zwischen Konsum und Konflikt*. Köln.

SCHILDT. AXEL u.a. (Hg.) (2000). *Dynamische Zeiten. Die 60er Jahre in den beiden deutschen Gesellschaften*. Hamburg.

SCHNEIDER, MANFRED (1997). *Der Barbar: Endzeitstimmung und Kulturrecycling*. München.

SCHNEIDER. SIGRID (Hg.) (1998). *Als der Himmel blau wurde. Bilder aus den 60er Jahren. Eine Ausstellung des Ruhrlandmuseums Essen*. Essen.

WOLFF. FRANK; EBERHARD WINDAUS (Hg.) (1977). *Studentenbewegung 1967-69. Protokolle und Materialien*. Frankfurt am Main.

Personen- und Sachregister

Albrecht Behmel

Die Mitteleuropadebatte in der Bundesrepublik Deutschland 1980-1990

Zwischen Friedensbewegung,
kultureller Identität und deutscher Frage

ISBN 978-3-8382-0201-3
276 S., Paperback, € 29,90

Erhältlich in jeder Buchhandlung
oder direkt bei

ibidem

Ein bemerkenswertes Nebenprodukt des Kalten Krieges war die Debatte über die Zukunft eines legendären geographischen Raumes: Mitteleuropa. Da der Eiserne Vorhang dieses Kernstück des Kontinents über Jahrzehnte hinweg zwei verfeindeten Lagern zuordnete, wurden ältere Überlegungen aus der Zeit der Weltkriege auf Eis gelegt. Doch mit der Friedensbewegung, Glasnost und Perestroika entstanden neue Pläne zur Ordnung dieses Raumes, die sich teils utopisch weit von der Realpolitik der bestehenden Supermächte entfernten.

Namhafte Schriftsteller, Politiker und Denker beteiligten sich an der Debatte zu der Frage, ob ein neutrales Mitteleuropa, jenseits von Ost und West, eine Chance habe könnte, in der Weltpolitik zu bestehen. Albrecht Behmel stellt die ideengeschichtliche Evolution eines utopischen Konzepts dar, das von Friedrich List, Robert Vansittart und Friedrich Naumann über Egon Bahr, Adam Rapacki, Otto von Habsburg bis hin zu Vaclav Havel und Milan Kundera reicht.

Der Autor:

Albrecht Behmel arbeitet als Autor für Film und TV. In Sachbüchern und Romanen befasst er sich vor allem mit Themen aus Antike und Zeitgeschichte.

ibidem-Verlag • Melchiorstr. 15 • 70439 Stuttgart • Tel.: 0711/9807954 • Fax: 0711/8001889
ibidem@ibidem-verlag.de

ibidem-Verlag

Melchiorstr. 15

D-70439 Stuttgart

info@ibidem-verlag.de

www.ibidem-verlag.de
www.ibidem.eu
www.edition-noema.de
www.autorenbetreuung.de

Zeitfracht Medien GmbH
Ferdinand-Jühlke-Straße 7
99095 Erfurt, Deutschland
produktsicherheit@kolibri360.de